PROPOSER LA FOI
DANS LA SOCIÉTÉ ACTUELLE

CONFÉRENCE DES ÉVÊQUES DE FRANCE

PROPOSER LA FOI DANS LA SOCIÉTÉ ACTUELLE

34e mille

Documents des Églises

LES ÉDITIONS DU CERF
PARIS
1996

(29, boulevard Latour-Maubourg
75340 Paris Cedex 07)

ISBN 2-204-05162-4
ISSN 0983-9062

Proposer la foi dans la société actuelle

Les évêques de France avaient choisi ce thème comme l'un des axes de leur travail pour leur assemblée plénière qui vient de se dérouler à Lourdes en novembre 1994. Les éléments de réflexion qui leur avaient été proposés ont suscité le plus vif intérêt près des médias, comme dans les diocèses.

Sans attendre l'édition du livre habituel qui reprend tous les travaux de l'assemblée, nous voulons, en éditant ce livret, répondre au désir déjà exprimé par beaucoup d'avoir le plus tôt possible les textes de ce dossier.

On trouvera ici : une introduction *du président de la Conférence des évêques ; une* présentation *de Mgr Dagens, évêque d'Angoulême, pilote de l'ensemble du dossier ; le rapport lui-même avec ses trois chapitres ; des questions et des pistes de travail.*

L'ensemble constitue un instrument de travail « pour tous ceux qui souhaitent l'étudier, le compléter par leurs propres réflexions et leurs propres expériences de foi ».

Dans cet esprit, nous lançons un appel : celui de

recevoir, avant la fin du mois de mai 1995, au Secrétariat de l'Épiscopat, les réactions et les réponses de tous ceux qui acceptent d'entrer activement dans la recherche des Évêques. Leur apport sera remis à l'équipe de travail, chargée de présenter, à Lourdes 95, le second temps de cette recherche. Un grand merci à l'avance.

PÈRE BERNARD LAGOUTTE,
Secrétaire général
de la Conférence des évêques de France.

MGR JOSEPH DUVAL,
Président de la Conférence des évêques de France

LA PROPOSITION DE LA FOI DANS LA SOCIÉTÉ ACTUELLE

Discours de clôture à l'Assemblée des évêques
(Lourdes, le 9 novembre 1994)

Serviteurs de la foi.

Proposer la foi au Christ dans notre société actuelle : c'est un axe majeur de notre travail collégial, c'est une priorité pastorale que nous allons chercher à mettre en œuvre, à partir du rapport qui nous a été présenté par Mgr Dagens.

Mais avant d'être un axe de travail et une priorité pastorale, il faut le rappeler, c'est notre raison d'être primordiale : nous sommes à la suite et à la manière des apôtres, chargés de susciter, de servir, d'encourager la foi de tout le peuple de Dieu.

Serviteurs de la foi : voilà le programme permanent de notre action qui recouvre de multiples rencontres et qui implique avec nous de nombreux organismes, services et mouvements, chargés, à leur manière, d'annoncer l'Évangile du Christ.

Témoins de la foi.

Serviteurs de la foi de tous, nous devons reconnaître, avec une joie profonde, que nous sommes aussi les témoins de cette même foi. À longueur de vie apostolique, nous constatons à quel point la foi vécue en Jésus Christ construit des libertés humaines, donne à des hommes et à des femmes très divers la force d'avancer, de faire face aux difficultés de l'existence, de faire naître autour d'eux la confiance et l'espérance.

En engageant ce travail autour de la proposition de la foi dans notre société actuelle, nous souhaitons donner la parole aux croyants, pour qu'ils aient la liberté de dire comment la foi les fait vivre et leur permet de servir les autres, au nom de la charité du Christ, à travers de multiples engagements éducatifs, sociaux, politiques.

L'Évangile est attendu.

Nous sommes préoccupés de la place de la foi et des croyants dans notre société. Elle appelle une réflexion d'ensemble. Nous vivons dans une société fragile. Mais dans cette société fragile, l'Évangile du Christ est attendu d'une façon nouvelle : comme une ressource pour vivre, pour susciter des choix et des engagements qui vont bien au-delà des frontières visibles de l'Église.

L'Évangile est attendu par des jeunes qui doutent de leur liberté et qui ont besoin, parfois un besoin criant, de trouver des raisons de vivre, d'aimer la vie, d'exister d'une façon sensée et responsable.

L'Évangile est attendu aussi par des responsables de la société civile qui demandent à être soutenus et encouragés dans l'exercice de leurs responsabilités, surtout quand ils sont soumis à la logique d'un système qui traite les êtres humains comme des objets.

L'Évangile est attendu comme une source de confiance, qui vient de Dieu et qui passe par nous, par notre foi vécue et pratiquée dans la grande communion de l'Église.

Il faut qu'on le sache : notre plus grand désir est de servir largement cette liberté de la foi, qui donne son élan profond au peuple de Dieu et qui contribue aussi au vouloir-vivre de notre société, dans ces temps d'incertitude et aussi de choix pour l'avenir.

Que l'Esprit Saint nous donne cette liberté et cette passion avec lesquelles les apôtres Pierre et Paul sont partis annoncer la Bonne Nouvelle au monde païen de leur temps ! Que l'Esprit Saint nous donne cette joie de croire et cette joie de vivre qui sont souvent cachées, mais qui sont le secret de notre mission !

MGR CLAUDE DAGENS,
Évêque d'Angoulême

SERVIR LA LIBERTÉ DE LA FOI

L'esprit de ce rapport.

Ce rapport sur « la proposition de la foi dans la société actuelle » a été présenté à l'Assemblée des évêques de France à Lourdes, le lundi 7 novembre 1994. Il avait été demandé par le Conseil permanent de notre Conférence épiscopale. Il a été assumé par un groupe de travail dont j'ai été le rassembleur et le synthétiseur final [1].

Ce rapport final, quelles qu'en soient les suites, n'a qu'un but : servir la liberté de la foi dans tout le peuple des croyants, et aussi parmi les nouveaux croyants, en enracinant cette liberté dans la Révélation authentique du don de Dieu en Jésus Christ.

1. Dans ce groupe de travail, que grâces soient rendues au Père Henri-Jérôme Gagey, pour le chapitre I ; à la Sœur Geneviève Médevielle, pour le chapitre II ; au Père Hippolyte Simon, pour le chapitre III, ainsi que, pour la conception de l'ensemble, au Père Joseph Doré, ancien directeur de l'UER de théologie de Paris et membre de la Commission théologique internationale, à Mgr Claude Cesbron, recteur de l'Université catholique d'Angers et au Père Jean-Michel Maldame, doyen de la faculté de philosophie de Toulouse.

Ce rapport est maintenant un instrument de travail proposé à tous ceux qui souhaitent l'étudier, le discuter, le compléter par leurs propres réflexions et leurs propres expériences de foi.

On peut souhaiter qu'il devienne ainsi, durant l'année qui vient et en vue de l'Assemblée des évêques de novembre 1995, un point de départ, ou un tremplin, précisément en vue de proposer largement la foi au Dieu de Jésus Christ dans notre société actuelle. En lisant ces pages, que l'on n'oublie pas le projet qui les inspire : *prendre la mesure des conditions relativement nouvelles* dans lesquelles la foi au Dieu de Jésus Christ est aujourd'hui accueillie, pratiquée et annoncée ; *faire de cette proposition de foi une priorité pastorale,* susceptible de mobiliser de multiples acteurs de l'Église, avec leurs expériences et leurs ressources propres ; sans oublier le *dialogue avec des responsables de la société civile,* avec lesquels il est bon de débattre librement au sujet de la place spécifique des croyants dans cette société.

Un acte de discernement et de foi.

Ce rapport se présente avant tout comme un acte de discernement et même comme un acte de foi. Ce discernement s'exerce dans trois domaines successifs et évidemment interdépendants : celui des conditions sociales et culturelles de la foi (chap. I), celui de ses conditions subjectives et morales (chap. II), celui du contexte institutionnel et politique en France et en Europe (chap. III).

Pour exercer ce discernement, la méthode est la même : il s'agit de regarder, aussi lucidement que possible, les défis qui sont devant nous, avec le caractère ambivalent et paradoxal de tout défi : d'un côté, une part de difficultés, d'obstacles, de résistances ; de l'autre, une part de provocation, de stimulation, de chances et d'appels nouveaux.

Voici d'abord, dans le premier chapitre, quelques données sociologiques, incontestablement préoccupantes : baisse de la pratique religieuse, éclatement de l'identité catholique, difficultés de la relève. Mais voici, en même temps, ces signes relativement nombreux qui manifestent la nouveauté de la foi et la fécondité dont elle est la source dans la vie des croyants, des nouveaux croyants (catéchumènes adultes, « recommençants », jeunes confirmés) et aussi des croyants expérimentés, quand ils osent dire comment leur foi les construit et les soutient.

Voici ensuite, au chapitre II, la montée en puissance d'un individualisme plutôt inquiet que conquérant, qui risque de mettre en cause l'universalisme de la foi chrétienne. Mais voici, en même temps, ce besoin de fonder la responsabilité morale du sujet personnel, dans un climat d'incertitude et, par conséquent, l'urgence de s'appuyer sur l'Évangile du Christ pour éveiller et soutenir des libertés humaines qui doutent d'elles-mêmes.

Voici – c'est le sens même du troisième chapitre – que la pratique de laïcité à la française, depuis plus d'un siècle, nous oblige à faire le point. Des blessures et des incompréhensions demeurent, et nous ne pouvons pas nous résigner à ce que le fait religieux soit exclu du domaine public. Mais nous sommes aussi plus libres pour montrer que la tradition catholique n'est plus l'antagoniste de la tradition laïque, et qu'elle peut contribuer au vouloir-vivre d'une société incertaine.

On remarquera qu'un même terme revient dans chacun des titres des trois chapitres de ce texte : « Les nouvelles mises en œuvre de la foi », « Les nouvelles conditions subjectives de l'existence », « Un nouveau contexte institutionnel ».

Prendre la mesure de ces nouvelles conditions nous semble indispensable pour relever le défi de la « nouvelle évangélisation », à laquelle nous appelle notre pape Jean-Paul II, à l'aube du IIIe millénaire.

En vue d'un débat et d'un engagement renouvelés.

Dans chacun des domaines évoqués dans les trois chapitres, il est possible de se poser quelques questions simples et fondamentales : Dans les évolutions actuelles, qu'est-ce qui s'efface et qu'est-ce qui émerge ? Comment des croyants ont, de fait, déjà relevé ces défis, en trouvant dans la foi une liberté nouvelle pour exercer leurs responsabilités ? Comment se manifeste cette liberté de la foi et le travail de construction qu'elle permet ?

Ce rapport devient ainsi un instrument de travail. Cela a commencé lors de l'Assemblée des évêques à Lourdes, car un débat large et réaliste a eu lieu autour de la « proposition de la foi dans la société actuelle ».

À nous tous, peuple de baptisés, de prolonger et

d'actualiser l'acte de foi et l'effort de discernement que ce rapport veut susciter.

À nous de recevoir ce rapport comme un instrument de réflexion, et de le proposer largement non seulement à des membres de l'Église, mais aussi à des responsables de la société, puisqu'il s'agit de comprendre aussi non pas « l'utilité sociale » du christianisme et de l'Église, mais la place spécifique et irremplaçable des croyants dans une société laïque et démocratique comme la nôtre.

Le moment est venu d'effectuer cet examen de conscience, dans la foi. Le moment viendra, sans doute lors de l'Assemblée des évêques de France de novembre 1995, d'en recueillir les fruits et d'en tirer les conclusions, pour jalonner la route de la foi et le pèlerinage de notre Église.

On peut souhaiter que le travail ainsi engagé vienne exaucer un souhait qu'exprimait jadis une femme de chez nous, nommée Madeleine Delbrel, alors qu'elle venait de faire un voyage éclair à Rome, en mai 1952, « pour que la grâce d'apostolat qui a été donnée à la France ne soit pas perdue par nous [...] et pour demander que cette grâce soit reconnue et fortifiée par l'Église ».

Madeleine Delbrel formule alors des remarques toujours pertinentes au sujet des évêques et des relations aux évêques. Elle écrit : « J'ai découvert pendant mon voyage, et à Rome, l'immense importance dans la foi et dans la vie de l'Église, des évêques. “Je vous ferai pêcheurs d'hommes.” Il m'a semblé que, vis-à-vis de ce que nous appelons l'autorité, nous agissons tantôt comme des fétichistes, tantôt comme des libéraux. Nous ne refluons pas vers les évêques avec ce que nous rencontrons et connaissons du monde. Nous sommes sous le régime des autorisations, non de l'autorité, qui serait d'apporter de quoi faire, de quoi être les "auteurs" de l'œuvre de Dieu. » (*Nous autres, gens des rues,* Éd. du Seuil, 1966, p. 126-128.)

On peut espérer que ce rapport, avec le travail qu'il engage, va encourager tous les membres du peuple de Dieu à dire largement la foi qui les fait vivre et que, du même coup, nous serons nous-mêmes encouragés, comme évêques, à servir encore plus résolument la liberté et la fécondité de la foi, à la manière des apôtres.

Ce sera aussi notre façon de nous associer effectivement au grand jubilé de l'an 2000. Notre pape Jean-Paul II nous demande de préparer ce jubilé par un approfondissement de notre foi en Dieu et aussi par un examen de conscience courageux.

Il dépend de nous tous que cette demande devienne réalité dans les mois et les années qui viennent.

PROPOSER LA FOI
DANS LA SOCIÉTÉ ACTUELLE

Rapport établi sous la responsabilité
de Monseigneur Dagens,
évêque d'Angoulême,
à l'Assemblée des évêques de France,
à Lourdes, le 7 novembre 1994

CHAPITRE PREMIER

LES NOUVELLES MISES EN ŒUVRE DE LA FOI

I. – COMPRENDRE UNE SITUATION CONTRASTÉE

Notre première responsabilité consiste à être réalistes et à reconnaître que la situation de la foi chrétienne dans la société française actuelle est une situation fortement contrastée.

D'un côté, de multiples indices nous obligent à admettre que les choses ne s'arrangent guère et que l'avenir de la foi se présente aujourd'hui de façon préoccupante.

D'un autre côté, on peut, sans volontarisme de commande ni aveuglement, constater des évolutions nouvelles qui incitent à plus d'espérance, parce qu'elles manifestent une sorte d'attente à l'égard du message de la foi.

1. Des indices préoccupants.

Les résultats des sondages.

Les grands indicateurs auxquels recourt la sociologie des religions, relayée par les médias, avec la multiplication des sondages, fournissent des données inquiétantes.

Les enquêtes d'ordre quantitatif révèlent soit la baisse de la pratique religieuse et de la sacramentalisation, soit la diminution accentuée du nombre des vocations sacerdotales et religieuses, soit des écarts importants qui affectent, selon les régions et les diocèses, les effectifs d'enfants catéchisés.

Par ailleurs, plusieurs enquêtes d'opinion ont montré récemment l'éclatement des « croyances des Français » et les distances prises par rapport aux grandes affirmations de la « foi catholique reçue des apôtres ».

De nombreux historiens et sociologues insistent sur cette « rupture de traditions » qui n'est pas récente, mais qui se poursuit et qui s'approfondit.

Nos propres expériences de pasteurs confirment ces indices préoccupants. Nous constatons que la « mémoire chrétienne » s'efface chez beaucoup de jeunes et d'adultes, et que l'on ne peut plus faire appel à ces grandes références de vie liées à la tradition catholique. Bref, nous serions déjà entrés dans « une ère postchrétienne », avec tout ce que cette expression peut avoir ici de redoutable.

Un avenir difficile.

Certes, il faut toujours relativiser et interpréter les résultats des sondages. Il est même parfois nécessaire de critiquer leurs présupposés, lorsqu'ils induisent à l'avance des résultats troublants.

Pourtant, mieux vaut reconnaître que ces sondages et ces enquêtes mesurent, au moins de l'extérieur, des évolutions lourdes que constatent de près ceux qui sont en charge de l'Église, de ses institutions éducatives et pastorales, de sa catéchèse, de ses mouvements, de son travail missionnaire.

Ces indices préoccupants annoncent des mutations profondes que l'on peut caractériser de plusieurs façons : déchirure du tissu ecclésial, perte de la « mémoire chrétienne », effacement des savoir-faire liés à l'expérience de la foi.

C'est la place même de la foi chrétienne dans la société française qui est finalement en question. Quand elle couvrait à peu près continûment le territoire, l'Église catholique assurait une sorte de « service public de la religion » pour la majorité du peuple français. Ce service risque de ne plus pouvoir être assuré de façon effective et efficace.

On le constate dans le monde rural avec une réelle souffrance : car il devient parfois difficile, à moins d'une adhésion résolue dont le prix est assez lourd, spécialement pour des jeunes, de pratiquer habituellement la religion catholique dans ses manifestations les plus visibles : catéchèse d'enfants, assistance régulière à l'Eucharistie, rencontres avec un prêtre ou avec un témoin qualifié de la foi pour un dialogue approfondi.

Une crise de l'identité catholique.

Ce phénomène va de pair avec d'autres indices qui révèlent une perte ou un effacement de l'identité catholique. Pour une partie importante de la population, l'appartenance à la religion catholique n'est plus du tout automatique pour ceux qui n'ont pas choisi une autre appartenance. Pour beaucoup d'enfants de notre pays, l'initiation aux valeurs fondatrices de l'existence s'effectue en dehors ou à l'écart de la « tradition catholique ». D'autant plus que cette tradition est souvent réduite à une « donnée culturelle » indépendante de la foi.

Dernier élément préoccupant, au sein même de la pratique chrétienne : la foi catholique se trouve adoptée et pratiquée, même par ceux qui y sont sincèrement attachés, selon des degrés multiples d'adhésion. Parmi les vérités qu'elle affirme et les comportements auxquels elle appelle, on procède à des « options libres », selon la logique de la société de consommation.

Nous sommes tous confrontés, dans nos diocèses, à ces multiples phénomènes de désaffection ou d'éclatement : les reconnaître et les situer est une première façon d'y faire face. C'est dans cette situation préoccupante que nous avons à proposer la foi à frais nouveaux et à former un peuple de croyants et de témoins.

2. Des évolutions nouvelles.

Cependant la situation actuelle de la foi n'est pas seulement préoccupante. Le réalisme nous oblige aussi à repérer des évolutions nouvelles qui manifestent une réelle disponibilité à l'égard du message chrétien.

Les catéchumènes.

On doit noter, en tout premier lieu, l'augmentation significative du nombre des adultes qui entrent en catéchuménat, comme l'a montré une enquête récente du service national chargé de cette mission.

Ces hommes et ces femmes qui demandent le baptême ne sont pas, pour la plupart, issus de la tradition catholique. De plus en plus nombreux sont ceux et celles qui viennent d'univers nettement étrangers au christianisme.

Leur démarche n'est donc pas un simple rattrapage par rapport à des baptêmes qui n'auraient pas été reçus dans l'enfance, pour des raisons familiales. Il s'agit d'une découverte libre et neuve du message chrétien, avec un désir réel à la fois de le comprendre et de le pratiquer. La foi est spontanément perçue ou pressentie comme porteuse d'une révélation de Dieu et d'une orientation de vie.

Les personnes qui accompagnent ces catéchumènes adultes pourraient dire combien elles sont bousculées dans leur propre foi par ces démarches. Elles découvrent ainsi que la foi n'est pas d'abord un héritage culturel, mais un don de Dieu qui change la vie, la façon de la regarder et de la construire.

Grâce à ces catéchumènes, l'Évangile du Christ se met aussi à parler d'une manière neuve : il dit la liberté de Dieu qui vient à nous en toute situation et la chance que l'on a d'entrer dans son Alliance.

Toutes proportions gardées, on pourrait faire des

remarques analogues par rapport à des jeunes d'âge scolaire qui demandent le baptême. Dans bien des cas, il ne s'agit pas non plus de rattrapage. Il s'agit d'une découverte libre du don de Dieu, accompagnée souvent de la joie d'entrer dans la famille de ses enfants.

Les recommençants.

On doit mentionner aussi l'apparition d'une nouvelle catégorie de croyants : ceux que l'on appelle des « recommençants ». Ce sont des adultes déjà baptisés, qui ne sont donc pas des catéchumènes, mais qui retrouvent le chemin de la foi, à l'occasion de tel ou tel événement de leur vie personnelle ou familiale : une épreuve, un choc, une rencontre, etc.

Ces personnes demandent une sorte de nouvelle initiation chrétienne et elles sont généralement exigeantes, parce que, quand on a vécu une épreuve ou une découverte, on n'accueille pas la Révélation de Dieu de la même façon que lorsqu'on a suivi un parcours relativement continu.

Nous avions sans doute pensé la transmission de la foi pour des temps de stabilité et il nous faut accueillir des gens dont la foi se réveille à l'occasion de certaines ruptures, ou bien à travers l'expérience du mal, ou par suite de rencontres décisives.

Comment la façon de proposer la foi ne serait-elle pas affectée et transformée par ces réveils partiellement inattendus ?

Dans cette perspective, l'apport des communautés nouvelles a été et demeure important depuis quelques années. Grâce à ces communautés, beaucoup de personnes ont retrouvé le goût de Dieu, de sa Parole et de son Amour. L'expérience de la prière les a introduits, de façon neuve, dans l'univers de la foi et de la vie chrétienne. Ces communautés se révèlent comme des lieux d'initiation, où l'on ne sépare pas l'expérience spirituelle et le souci d'évangélisation.

C'est la nature même de la foi et son dynamisme qui se trouvent ainsi concrètement manifestés : en s'ouvrant à la Révélation de Dieu en Jésus Christ et en se laissant former par son Esprit Saint, on découvre que la vie dans la foi est une conversion permanente, et que l'on n'en finit pas de « commencer à croire », de devenir chrétien. C'est le baptême lui-même qui retrouve ainsi sa pleine signification.

Le travail de formation.

D'une manière plus large, il faut souligner que les relations entre la culture moderne et la foi chrétienne se présentent aujourd'hui dans un contexte relativement apaisé.

Pour une raison majeure : à cause de l'immense effort de formation entrepris par l'Église de France à l'intention des prêtres et des laïcs depuis plusieurs années. Cet effort commence à porter ses fruits.

Certes, au début, ce travail de formation a pu susciter des soupçons, en raison d'une acceptation parfois trop facile des critiques venant des sciences humaines. Mais cette période semble passée : on reconnaît aujourd'hui le bénéfice apporté par toutes ces filières de formation qui ont donné à des croyants le goût de creuser leurs raisons de croire, et qui leur ont permis, en même temps, d'habiter leur foi d'une façon intelligente et dynamique, en se réappropriant d'une manière personnelle les grandes affirmations de la tradition chrétienne.

Cet effort de formation ne doit pas se relâcher. On ne peut pas se résigner à ce fossé qui existe trop souvent entre des chrétiens formés et ceux qui n'ont pour tout bagage que les souvenirs d'une catéchèse parfois mal assimilée.

C'est du côté des médias qu'il faut aussi diriger les efforts : parce que, de ce côté-là, on en reste souvent à des images mentales qui n'ont rien à voir avec la vérité de la Révélation, par exemple en ce qui concerne la création ou le péché originel.

Mais, dans ce domaine aussi, les choses évoluent. La réappropriation des grandes affirmations de la foi s'accompagne d'une audace plus grande dans le domaine de l'initiation des jeunes. La proposition chrétienne se fait avec plus de détermination dans de nombreux mouvements. On ne fait plus appel à la seule générosité : on n'hésite pas à appeler à la foi en Jésus Christ et à soutenir l'engagement effectif dans cette foi. On montre aussi que la vie chrétienne fournit une sorte de structuration intérieure, qui peut aider grandement à affronter les incertitudes de l'existence.

Dans des mouvements ou des groupes d'adultes, on retrouve une pédagogie analogue, qui veut susciter un accueil effectif de la Parole de Dieu et proposer en même temps une certaine structuration de l'existence vécue dans la foi.

Christianisme et modernité.

Ces initiatives et ce travail de formation ne peuvent être séparés d'un certain contexte culturel. De divers côtés, la foi chrétienne n'est plus perçue seulement comme un héritage à préserver ou à rejeter, mais comme un appel ou comme un don de Dieu, en même temps que comme une force pour vivre.

On se souvient des avertissements de Maurice Clavel, dans les années 70. Si « Dieu est Dieu, nom de Dieu », pourquoi ne pas accepter sa puissance irremplaçable de vérité et de libération ? D'autres voix relaient aujourd'hui ce genre d'appel et de question : des hommes et des femmes racontent comment ils ont été ressaisis par Dieu, au-delà des troubles et des passages désertiques de leur existence. On peut lire ainsi les témoignages d'un Guy Coq (*Que m'est-il donc arrivé ? Un trajet vers la foi,* Paris, 1992) ou d'une Françoise Verny (*Dieu n'a pas fait la mort,* Paris, 1993).

Des réflexions plus théoriques, comme celles d'Alain Touraine dans sa *Critique de la modernité* (Paris, 1993), ou de Michel Serres (*Le Tiers instruit,* Paris, 1993), comportent des avertissements analogues : non seulement la tradition chrétienne n'est pas périmée, mais elle est porteuse d'une sagesse et d'une expérience qui doivent être largement communiquées, parce qu'elles serviront à la compréhension de notre temps et à la prise en charge de notre monde.

En d'autres termes, la modernité n'a pas évacué la foi. Elle l'oblige plutôt à se penser à frais nouveaux et à penser le monde avec ses ressources propres.

C'est pourquoi, il nous faut envisager de nouvelles

confrontations avec ce que l'on appelle le « monde de la culture » : c'est-à-dire avec ces hommes et ces femmes, chercheurs, artistes, penseurs ou poètes, qui se tournent vers le christianisme de façon plus libre, en lui demandant de donner comme une âme ou une dimension transcendante à des activités humaines qui semblent souvent en peine d'inspiration sur le long terme.

D'autant plus qu'un autre trait caractérise notre modernité : le dépassement de la pensée positiviste, qui s'appuyait sur la croyance dans le pouvoir quasi absolu de la Raison, et spécialement de la Raison scientifique. La Raison a de plus en plus tendance à reconnaître et à accepter ses limites. Des scientifiques et des techniciens constatent eux-mêmes qu'une sagesse est nécessaire pour équilibrer une expansion seulement quantitative des productions de l'homme.

Plus profondément encore, c'est la définition et la compréhension de l'être humain qui ont évolué : à la suite des explorations de la psychanalyse ou de l'ethnologie, on n'identifie plus l'homme à un animal seulement et exclusivement rationnel. Pour vivre, tout être humain n'a pas besoin seulement des calculs de la Raison. Il a besoin aussi et tout autant de parole et de sens. Grâce aux recherches sur le langage, la pensée symbolique est reconnue comme une forme authentique de la pensée.

La pédagogie a évidemment profité de cette nouvelle compréhension de la pensée humaine. La structuration de l'imaginaire fait partie intégrante de l'éducation, avec toutes les techniques que cela suppose.

La catéchèse, elle non plus, n'ignore pas ces données de la pédagogie moderne. Mais surtout, elle ne fait ainsi que renouer avec la tradition même de l'initiation chrétienne : l'appel de Jésus Christ à la conversion s'adresse à ce centre de la personne que la Bible dénomme le cœur. C'est le cœur de l'homme qui est appelé à s'ouvrir à ce Père des cieux « qui voit dans le secret ». La foi authentique s'enracine alors durablement dans la profondeur d'une existence humaine, avec toutes ses composantes.

S'il est vrai que notre culture peut être dite postpositiviste, alors la proposition de la foi chrétienne, aussi bien à l'intention des jeunes qu'à l'intention des adultes, ne peut plus apparaître comme un système concurrentiel, opposé à celui qui s'inspirait du rationalisme conquérant.

L'initiation à la foi et à la vie chrétienne a aujourd'hui des chances nouvelles d'être reconnue pour ce qu'elle est : une forme d'éducation qui s'adresse à toute personne humaine dans son intégralité, avec son intelligence et son affectivité, avec son cœur et son imagination, pour qu'elle accueille pleinement le don de Dieu en Jésus Christ.

Une acceptation plus libre des différences.

À ce panorama déjà bigarré, on peut ajouter quelques traits qui tiennent davantage à la vie propre de l'Église, et à son organisation.

D'une façon assez générale, malgré des variantes locales ou régionales, les tensions entre croyants se sont apaisées et l'on pratique une acceptation plus libre et plus réaliste des différences entre tous.

Les grandes polarisations idéologiques des années 70

ont fortement décru. Des confrontations effectives sont désormais possibles entre des mouvements ou des groupes qui, jusque-là, ou bien s'ignoraient, ou bien travaillaient sur des voies parallèles.

Quand ces rencontres et ces confrontations peuvent avoir lieu, soit dans un cadre diocésain, soit à l'échelle régionale ou nationale, on peut constater que s'estompent de plus en plus les oppositions durcies entre diverses options pastorales et théologiques, comme « évangélisation et sacramentalisation », « vie spirituelle et engagement social » .

D'autre part, de multiples synodes diocésains, des rassemblements de jeunes, des congrès nationaux permettent de vérifier ce qu'est effectivement cette communion ecclésiale qui vient de l'Esprit Saint, qui passe par des reconnaissances mutuelles et qui respecte vraiment les diversités.

Tous ceux qui ont l'expérience d'un synode diocésain savent que les résolutions finales ne sont pas le fruit d'un simple rapport de forces entre une majorité et une minorité, mais qu'elles naissent d'une recherche commune de la volonté du Christ pour son Église.

C'est la conscience des exigences actuelles de l'évangélisation qui s'approfondit ainsi. Face à des situations de pénurie, de pauvreté, d'affaiblissement institutionnel, la conviction grandit qu'il faut voir large, qu'il faut s'organiser pour relever le défi de la foi, pour être vraiment « catholiques », c'est-à-dire ouverts à la totalité des réalités et des attentes humaines, à cause de l'ouverture de Dieu en Jésus Christ.

Il est clair que la proposition et l'annonce de la foi catholique passent par la communion de l'Église. Et la tâche permanente des pasteurs de l'Église, des évêques et des prêtres, ne consiste pas seulement à permettre cette libre confrontation des diversités légitimes. Elle comporte aussi un combat pour que rien n'empêche cet approfondissement de la communion dans la foi, et, spécialement pour qu'aucun groupe, aucun mouvement, aucune communauté religieuse ne se résigne à vivre en vase clos, en n'ayant comme référence que ses positions ou ses traditions particulières.

Les successeurs des apôtres sont au service de cette grande Tradition de la foi qui demande à être accueillie et annoncée dans la communion de l'Église tout entière.

Un élargissement de la conscience ecclésiale.

C'est précisément dans ce contexte de la communion et du combat pour la communion, que se manifeste aussi un élargissement de la conscience ecclésiale.

Dans le cadre des nouvelles structures qui se mettent en place (conseils pastoraux, équipes d'animation, etc.) des prêtres et des laïcs apprennent à travailler ensemble d'une façon relativement nouvelle, plus solidaire et plus résolument orientée vers l'annonce de la foi. En travaillant ensemble, ils découvrent peu à peu qu'ils n'ont pas seulement à se répartir des fonctions, mais à se confirmer mutuellement dans leur mission spécifique, sacramentelle, de baptisés ou de ministres ordonnés.

Certes, ce nouvel apprentissage comporte des risques, et tout particulièrement le risque de ne penser les tâches à accomplir qu'en termes fonctionnels, avec le souci pour certains de garder le pouvoir et pour d'autres de le prendre.

Et pourtant, il faut dire aussi que plus des laïcs et des prêtres pratiquent cette collaboration effective au service de la foi, plus ils reconnaissent leur identité spécifique et leur place dans l'Église. C'est la sacramentalité de l'Église entière, selon la grande redécouverte de Vatican II, qui s'approfondit ainsi : vivre sa foi dans l'Église et la proposer à d'autres n'est pas une affaire privée, mais un engagement qui fait participer au ministère du salut, à l'accueil et à la communication du don de Dieu pour la vie du monde.

Dans bien des diocèses, à l'occasion des synodes, et dans de nombreuses paroisses, grâce aux remodelages en cours, on peut voir comment grandit peu à peu cette conscience sacramentelle d'une mission commune, qui est inséparable de l'appel du Christ à « baptiser toutes les nations ». C'est le baptême qui réapparaît ainsi dans sa pleine vérité, comme la source de la vocation prophétique, royale et sacerdotale des fidèles laïcs, et c'est l'ordination par l'imposition des mains qui fonde la responsabilité des évêques, des prêtres et des diacres par rapport à la construction et à la croissance du Corps du Christ.

Ainsi se dessine une figure à la fois nouvelle et traditionnelle de l'Église, sans doute plus pauvre, mais sans doute aussi plus libre pour vivre et pour communiquer largement l'Évangile du Christ.

Le temps s'éloigne de plus en plus où l'Église pouvait apparaître comme une puissance dominatrice, à la fois agressée et agressive, dans le contexte des antagonismes qui marquent le XIXe siècle et une bonne partie du XXe siècle.

L'Église peut être reconnue aujourd'hui pour ce

qu'elle est : le haut lieu de la foi reçue des apôtres, de la foi accueillie, pratiquée, proposée à l'ensemble de notre société, sans que cette proposition apparaisse comme l'expression d'une volonté hégémonique.

II. – EXERCER NOTRE DISCERNEMENT

On ne peut pas nier le contraste qui caractérise la situation actuelle de la foi dans notre société : tandis que s'esquisse une nouvelle figure de l'Église, on constate un certain affaissement du catholicisme dans ses aspects les plus visibles et plus socialement institués.

Au premier regard, c'est l'aspect négatif des choses qui retient l'attention : la perte de la mémoire chrétienne s'accentue, le personnel de l'Église se renouvelle difficilement, des prêtres surchargés ne parviennent pas à faire face aux urgences.

Et pourtant, un regard plus aiguisé peut considérer l'Église de France comme une sorte de vaste laboratoire où beaucoup de choses se cherchent, avec des résultats sans doute imprévisibles, mais souvent prometteurs.

Néanmoins, cette face positive de la situation n'est pas facile à interpréter parce ce qu'elle se présente de façon très éclatée. Cette difficulté se trouve renforcée par l'image d'elle-même que l'Église reçoit des observateurs du fait religieux, qui sont déconcertés par la décomposition de la vision religieuse du monde à laquelle ils ont fréquemment assimilé le message chrétien. De sorte que les transformations actuelles sont souvent présentées en fonction du schéma, habituel dans l'analyse de la vie politique, qui oppose le camp du progrès et celui de la conservation.

1. Pour un discernement spirituel.

Comment croire et montrer nous-mêmes que le travail de l'Esprit Saint est plus complexe ou plus simple, sinon en exerçant un discernement spirituel, c'est-à-dire une lecture qui ne se contente pas de départager le positif et le négatif, mais qui cherche à déceler le travail de la foi et les effets de la foi dans les évolutions en cours ?

C'est pourquoi il importe, à plusieurs titres, d'identifier ce qui évolue, ce qui change et ce qui est en train de naître.

Quelques questions pourront y aider : en vertu de quels critères dira-t-on qu'il y a succès ou non de telle ou telle action, de telle ou telle communauté, de tel ou tel mouvement, de telle ou telle initiative missionnaire ? Si succès il y a, quelles procédures, quelle pédagogie, quels types de collaboration, quels accents spirituels ont été mis en œuvre ? Au prix de quelles évolutions par rapport aux pratiques et aux discours habituels ? Au prix de quelles conversions ? Et même à travers des situations d'insuccès et d'échecs, quelles découvertes ont été accomplies ? Comment la foi au Christ mort et ressuscité permet-elle de vivre de telles situations ?

C'est cette lecture simplement chrétienne qui peut aujourd'hui être pratiquée de façon plus libre par diverses catégories de croyants et d'acteurs de la mission.

Car le risque n'est pas mince pour ceux qui sont

engagés dans la mission de l'Église de se laisser écraser par des examens de conscience décourageants, parce qu'ils sont accomplis en fonction d'une image trop idéale du travail apostolique.

Les remises en cause appelées par la situation présente ne porteront de fruits que si, au contraire, elles sont effectuées en fonction des chances réelles qui se laissent discerner. Seule l'analyse de ces chances réelles ou de ces défis relevés constituera un encouragement pour la foi et permettra la constitution de savoir-faire transmissibles.

Dans cette perspective, il faut donner encore davantage la parole aux croyants, pour qu'ils puissent dire librement comment leur adhésion au Dieu de Jésus Christ et leur pratique de l'Évangile façonnent leur existence d'une façon durable, comment ils gardent confiance tout en traversant des passages difficiles, pourquoi ils ont en eux le désir de partager leur expérience et d'éveiller chez d'autres le goût de Dieu et l'amour de l'Église.

D'autre part, les croyants sont aussi des citoyens, souvent présents et actifs dans la société civile, à des niveaux très divers et avec des responsabilités multiples. Qu'il s'agisse de la crise du monde rural, de l'avenir des banlieues, de l'accueil des immigrés, de la solidarité à l'égard des chômeurs, de la présence effective aux plus démunis, une question est posée aux croyants sur la façon dont ils contribuent, par leur foi et par leur vie chrétienne, à relever les défis auxquels est affrontée notre société.

Dans cette perspective-là aussi, il faut donner la parole à ces chrétiens tenaces qui peuvent dire comment leur communion au Christ par la prière et par l'Eucharistie leur permet d'être présents aux côtés des souffrants, des exclus. Leur expérience de croyants, avec l'approfondissement spirituel qu'elle exige d'eux, n'est-elle pas de nature à éclairer la crise de l'engagement, et plus largement encore de la fidélité, qui caractérise notre époque ?

Car nous ne pouvons pas nous contenter de proposer la foi comme une aventure seulement individuelle. La vie chrétienne vécue à la suite du Christ, quelles que soient ses limites et ses faiblesses, est aussi une parole adressée à notre société, surtout dans un temps d'incertitude.

Quand les impératifs de la seule rentabilité financière dominent l'action économique, il est bon de rappeler par des comportements honnêtes que le sens de la vie ne s'épuise pas dans la manipulation de l'argent.

Quand on ne propose à des jeunes que l'image idéalisée des héros de l'action humanitaire ou des vedettes médiatiques, il est utile de susciter l'intérêt pour d'autres types de réussite humaine.

Plus profondément encore, c'est un véritable service public que de montrer comment la foi chrétienne structure un être humain, l'appelle à construire sa vie, à prendre ses responsabilités, d'une façon durable, en raison de l'engagement de Dieu avec lui.

Enfin, parce que la réalité du mal s'affirme actuellement de façon sauvage et dramatique, le témoignage des croyants peut aller jusqu'à manifester la fécondité du mystère pascal : la force de Dieu se révèle dans la faiblesse humaine et cette révélation-là peut permettre à des hommes et à des peuples de se désarmer et d'espérer encore, au-delà de tout espoir humain.

2. La foi comme puissance de renouvellement.

En d'autres termes, évaluer les transformations en cours dans les pratiques de nos communautés n'a pas pour but d'effectuer un bilan. C'est notre manière d'attester cette puissance de renouvellement qui vient de Dieu et qui passe par la mise en œuvre de notre foi.

On peut partir de ce fait nouveau que constituent l'accueil et l'accompagnement d'un nombre croissant de catéchumènes adultes ou d'enfants non baptisés qui suivent la catéchèse sur l'invitation de leurs camarades chrétiens. Pourquoi des croyants de naissance sont-ils renouvelés dans leur propre foi par de telles rencontres ? Parce qu'ils avaient plus ou moins identifié l'Évangile avec leur manière de voir la vie, qu'ils s'étaient sans doute habitués à n'en retenir que ce qui confortait leur idéal humain. Confrontés à des personnes qui ne sont pas des « catholiques culturels », ils mesurent la nouveauté de la Révélation de Dieu en Jésus Christ et la force provocatrice de l'Évangile. Ils redécouvrent aussi très souvent les richesses de la tradition liturgique et spirituelle du christianisme et la joie d'appartenir à l'Église comme à une nouvelle famille, qui n'obéit pas aux lois de la chair, mais aux appels de l'Esprit.

Il nous faut méditer ce qui se produit ainsi, parce que la Parole de Dieu que découvrent les catéchumènes est cette même Parole que nous avons à accueillir et à annoncer. Nous ne pouvons pas refuser ce choc en retour du catéchuménat sur notre propre foi. Il faut même aller plus loin et reconnaître que ce renouveau du catéchuménat manifeste, dans une certaine mesure, la quête spirituelle qui anime beaucoup de nos contemporains. Proposer la foi chrétienne, dans un tel contexte, est donc tout le contraire d'une opération volontariste : c'est notre manière de participer à cette quête spirituelle, de la comprendre, d'en discerner les appels et aussi les tentations ou les illusions, et d'y inscrire, avec nos ressources propres, la Révélation de Jésus Christ qui se propose à tous comme « le chemin, la vérité et la vie ».

– On pourrait faire des remarques analogues à propos de la pastorale de l'enfance et de la jeunesse. Nous sommes en effet confrontés à la nécessité de construire de nouvelles attitudes pédagogiques et de déterminer, dans le contexte actuel de « rupture des traditions », quels peuvent être le rôle et l'autorité du témoin dans l'œuvre de transmission.

Là encore, il ne s'agit pas seulement de comparer telle ou telle option pastorale ou éducative. Il s'agit de comprendre quelle est la fécondité de la foi au Christ dans cette initiation des jeunes générations.

– On pourrait évoquer aussi les remodelages en cours dans le dispositif pastoral de l'Église en France. La présence de nombreuses femmes parmi les laïcs engagés dans l'animation des communautés chrétiennes et dans nos divers groupes et mouvements ne peut pas être séparée des évolutions de notre société en ce qui concerne la condition féminine. Comment notre expérience sur ce point, avec les transformations et les débats qu'elle suscite, nous permet-elle de sortir des simplifications courantes du problème et d'apprendre à conjuguer « différence » avec « égalité » ?

– Il serait possible, enfin, de montrer comment la foi au Christ inspire et anime des combats pour la dignité des hommes et, plus précisément, permet de pratiquer un va-et-vient effectif entre la lutte et la contemplation, entre la vie spirituelle et l'engagement social. Ici se vérifient des parentés paradoxales entre des gens apparemment éloignés les uns des autres : des militants d'action catholique, des prêtres-ouvriers ou des membres des communautés nouvelles, sans oublier des moines et des moniales. Il ne s'agit pas de gommer les différences réelles dans les formes d'engagement. Mais, à un certain degré de profondeur dans l'engagement, des exigences communes se révèlent : on ne peut pas être présent au Christ, dans sa vérité de Serviteur, sans être présent aux exclus de notre société et, réciproquement, la présence durable aux exclus est renouvelée par la rencontre du Christ, cherché et contemplé pour lui-même. Au-delà de la diversité des modèles de référence s'affirme une passion commune pour le service de l'humanité.

Nous pouvons donc proposer la foi chrétienne comme une force réelle de conversion et de transformations personnelles et sociales. Car, dans nos pratiques ecclésiales, nous constatons que l'acte de croire et la foi vécue permettent des initiatives et des renouvellements certains, qui se manifestent dans de multiples domaines.

III. – PRATIQUER CETTE FOI QUI FAÇONNE NOS VIES

Mais notre meilleure façon de témoigner de la fécondité de la foi consiste à rendre compte des effets de notre foi dans nos propres existences.

En quoi nos existences sont-elles façonnées par la

foi ? Comment peut-on discerner la figure nouvelle que prend la vie d'un homme ou d'une femme qui met sa foi en Jésus Christ ?

Il ne s'agit plus seulement d'un discernement théologique. La réponse à ces questions peut être relativement concrète. Sans prétendre évoquer toutes les figures possibles et réelles, on peut du moins esquisser quelques grands signes qui manifestent le travail et les effets de la foi.

1. Foi chrétienne et sens des responsabilités.

On connaît la parabole de l'Évangile dans laquelle Jésus appelle ses disciples à construire leur vie sur le roc de sa Parole. Le croyant est comparé à un homme qui bâtit sa maison : « il a creusé, il est allé profond, et a posé les fondations sur le roc. Une crue survenant, le torrent s'est jeté contre cette maison, mais n'a pu l'ébranler, parce qu'elle était bien bâtie » (Lc 6, 48).

La foi en Dieu, en sa Parole, en son Esprit façonne des existences solides. Elle fait tenir debout, malgré bien des secousses, la construction de notre vie. Tenir à Dieu, par la foi, permet de construire sa vie d'une façon sensée et responsable.

Cette image de la construction de soi et de sa vie, par le travail de la foi, se trouve dans l'encyclique *Veritatis splendor* (n° 39) pour caractériser la responsabilité de l'homme par rapport à lui-même.

Elle est également illustrée par de nombreuses figures humaines de croyants. C'est peut-être même la figure dominante chez les croyants d'aujourd'hui, quand ils rendent compte de leur vie chrétienne ou quand d'autres personnes, étrangères à la foi, témoignent à leur sujet : leur foi construit leur vie et construit dans leur vie un certain sens des responsabilités de tous ordres (familiales, professionnelles, sociales) et donne même à ces responsabilités quelque chose de solide et de durable.

Qu'il s'agisse de responsabilités exercées dans l'Église ou dans la société civile, un trait est commun à ces croyants : une certaine façon de faire face aux aléas de l'existence, d'être présents aux autres, de durer dans leurs responsabilités et de donner à d'autres le goût des responsabilités.

Et même quand ces croyants n'ont pas de poste de responsabilité particulier, ni d'appartenance à un mouvement ou à un groupe, il existe chez eux une certaine façon de se tenir dans l'existence : ils sont construits de l'intérieur par leur foi.

On comprend alors que la foi est bien conforme à ce que dit la parabole : non pas un système idéologique, ni même un cadre de valeurs, mais une pierre de fondation, et, en même temps, une structure intérieure et une énergie pour construire, pour se construire soi-même, pour construire l'Église et le monde d'une façon responsable, selon le dessein de Dieu.

Proposer la foi, c'est aussi proposer cette structure intérieure et cette énergie qui font tenir la vie.

2. Foi chrétienne et expérience spirituelle.

L'expérience chrétienne de Dieu, l'expérience de la foi mobilisent en nous les ressources de l'expérience religieuse, du sentiment religieux et de ce que l'on appelle le sens du sacré.

Peut-être avons-nous trop facilement négligé cette forme d'accès à la foi chrétienne, en faisant parfois un mauvais usage de l'opposition héritée de Karl Barth entre la foi et la religion, comme s'il fallait privilégier une foi absolument détachée de l'expérience religieuse.

Aujourd'hui, nous assistons à une sorte de résurgence de la religiosité, parfois dans ses manifestations les plus irrationnelles (voyance, astrologie, ésotérisme) qui coexistent avec toutes les rationalisations techniques de notre société. À tel point que la foi chrétienne n'a plus à s'affirmer face aux prétentions d'une Raison qui n'est plus conquérante, mais face aux séductions irrationnelles de ce paganisme moderne.

Plus profondément, nous devons constater que la dimension religieuse de l'être humain est soumise à une sorte de réévaluation générale et même à une réhabilitation. Le sens religieux en l'homme n'est plus traité comme le résidu d'un état archaïque de la conscience, mais comme l'expression d'une ouverture réelle à la transcendance. On ne peut proposer la foi chrétienne qu'en faisant droit à cet appel intérieur au dépassement, à ce pressentiment du sacré ou du divin que nous portons en nous.

Mais, tout en cherchant à évangéliser l'expérience religieuse, nous devons rester honnêtes, en manifestant le caractère spécifique du fait chrétien, de la Révélation et de l'expérience chrétiennes de Dieu.

Nous y parviendrons en donnant toute leur place à ces croyants qui, dans l'Église, sont engagés dans l'expérience spirituelle, dans ses innombrables modalités et selon ses traditions également très variées.

Mais, à travers cette diversité des formes de spiritualité et de vie spirituelle, il est possible de reconnaître quelques traits communs qui caractérisent l'orientation de la foi chrétienne quand elle est engagée dans l'expérience spirituelle.

– Avant tout, la foi en Jésus Christ n'est pas une gnose, c'est-à-dire un savoir supérieur réservé à une élite d'initiés. Elle est proposée et proposable à tous, et en priorité à des pauvres et à des petits. Et de fait, des pauvres et des petits, des malades ou des exclus sont capables de vivre du Christ, en profondeur, par la prière et l'offrande d'eux-mêmes.

– D'autre part, cette expérience de la foi ne consiste pas à s'élever vers le divin pour le saisir et le manipuler. Le premier mouvement de la foi consiste à accueillir le don de Dieu, la Parole de Dieu, le Verbe de Dieu qui s'est fait chair et qui veut demeurer en nous.

C'est cette ouverture primordiale à la Révélation et au don de Dieu qui marque en profondeur l'aventure spirituelle des chrétiens. Qu'il s'agisse de laïcs ou de religieux, les croyants aiment dire combien la foi les établit dans cette ouverture à Dieu, entretenue par la prière ou par l'écoute de la Parole. Et aujourd'hui, ceux et celles qui ont connu l'épreuve de la solitude et de l'errance aiment dire aussi la liberté de Dieu, qui peut toujours s'ouvrir à nous au-delà de nos traversées du désert.

Telle est la figure de l'expérience spirituelle liée à la foi chrétienne : il s'agit d'entrer dans une Alliance, dans un dialogue, dans une relation, dont Dieu lui-même a l'initiative.

– Enfin, quelles que soient les traditions spirituelles dont on se réclame, tous les pratiquants de l'expérience spirituelle savent qu'il y a un lieu indépassable de l'ouverture de Dieu à notre humanité : c'est la Croix de Jésus Christ, sommet non de souffrance, mais d'Amour qui assume le mal et la mort pour nous en délivrer.

Le mystère pascal de mort et de résurrection apparaît aujourd'hui dans sa radicalité. Il permet d'assumer l'expérience de l'échec et du mal. Il suscite des renaissances profondes. Il soutient le courage des militants qui ont à lutter contre les pesanteurs du monde. D'une manière ou d'une autre, il se révèle pour ce qu'il est : une véritable source.

Il n'y a donc pas d'expérience spirituelle de Dieu qui ne soit en même temps un accomplissement de notre humanité, à travers ombres et lumières, à la suite du Serviteur humilié et glorifié.

Face aux religiosités païennes plus ou moins débridées, c'est cette simplicité et cette profondeur du mystère pascal vécu par des croyants qui évangélise fortement.

3. Foi chrétienne et compréhension du monde.

La foi donne à penser, elle est porteuse d'une sagesse originale, d'une réelle intelligence du réel de Dieu, de l'humanité et de l'histoire.

Nous venons après une époque relativement récente où nous avons été, dans ce domaine, sur la défensive, méfiants à l'égard des sciences humaines ou incapables d'affronter leurs interpellations. Pour diverses raisons déjà évoquées, nous sommes aujourd'hui plus libres pour déployer les ressources spécifiques de la sagesse chrétienne, celle qui s'appuie sur la Parole de Dieu et sur l'expérience de l'Église.

Par ailleurs, les croyants sont aussi des citoyens, insérés dans une société incertaine qui s'interroge sur ses finalités. Où allons-nous ? Que devient notre monde et surtout que devient l'être humain, la personne humaine dans notre monde dominé par la technique, en tous domaines ? Comment défendre et promouvoir l'humanité de tout être humain, face aux diverses manipulations dont il peut devenir l'objet ? Comment contribuer à l'élucidation des enjeux auxquels notre société est confrontée ?

Un certain nombre de croyants comprennent que, sans prétendre résoudre tous ces problèmes, la foi chrétienne comporte des références, des points d'appui, et, en dernière instance, une révélation de l'homme, de sa liberté et de sa responsabilité face à ce monde à penser et à construire.

Il suffira ici de mettre en relief trois grandes affirmations de la sagesse chrétienne qui soutiennent aujourd'hui la réflexion et l'engagement de nombreux croyants.

Première affirmation : « Nous valons plus que tous les oiseaux du ciel », comme dit Jésus dans l'Évangile (voir Mt 6, 26). L'homme, tout être humain, toute personne humaine, a une valeur absolue, un prix incomparable. L'être humain est sacré, de l'instant de sa conception à l'heure de sa mort.

Ce n'est pas seulement le combat multiforme pour les droits de l'homme qui découle de cette affirmation. C'est l'attention portée à chaque personne humaine. C'est le respect effectif de chacun. C'est la reconnaissance de ce qu'il y a d'unique, d'irremplaçable, d'irréductible en tout visage humain. Cela s'appelle la charité, un terme parfois dévalué ou concurrencé par d'autres, mais qui est aussi concrètement réhabilité par des croyants, lorsqu'ils vont à la rencontre des autres, et même de leurs adversaires, avec une liberté qui se moque des calculs mondains.

Deuxième affirmation inséparable de la précédente : la foi au Dieu qui s'est fait homme, qui est né dans une crèche, qui est mort sur une croix, comme un maudit, implique une option absolue pour les petits et pour les pauvres, pour tous ceux qui sont désarmés devant la vie.

Cette option inspire de multiples luttes, d'ordre politique, social, économique. Mais les croyants qui pratiquent ces luttes savent qu'elles ne se réduisent pas à un engagement seulement humanitaire. Elles expriment notre passion pour l'humanité, à la suite du Christ, lui qui est venu chercher et sauver ce qui était perdu.

Troisième affirmation : le dernier mot de la Révélation de Dieu en Jésus Christ, ce n'est pas seulement l'Amour. C'est l'Amour qui va jusqu'au pardon, qui, au plein cœur du mal et de la violence, veut et crée la réconciliation.

Beaucoup de croyants d'aujourd'hui savent que l'on ne peut plus, si jamais cela a été possible, proposer la foi en Dieu sans affronter la réalité du mal. Parce que cette réalité tend à devenir une réalité sauvage, que les idéologies n'expliquent plus et que les gnoses résolvent d'une manière trop facile, en inventant un Dieu mauvais ou des forces identifiables du mal.

Le mal est là, il détruit et il fascine. Il blesse et il brise des vies humaines, des corps, des consciences, des libertés.

Face au mal, ou plutôt en plein cœur du mal, se dresse la Croix de Jésus Christ. La Croix, c'est-à-dire cette puissance de Dieu qui affronte le mal pour y opérer une création nouvelle, par le sacrifice du Fils.

Alors s'ouvre le chemin de la Pâque, mystérieux, caché, mais réel. Il est impossible d'oublier que ce chemin s'ouvre à chacune de nos Eucharisties. Il est donc essentiel de rappeler que la proposition de la foi conduit à ces gestes extraordinairement simples par lesquels Dieu nous propose de façonner notre existence à l'image de celle du Fils : corps livré, sang versé, vie donnée.

Toute initiation à la foi authentique comporte cette dimension sacramentelle : elle est faite à la fois de paroles humaines et de gestes humains qui révèlent et qui communiquent la Parole de Dieu et le geste de l'Alliance de Dieu accomplie dans le mystère du Christ.

CHAPITRE II

LES NOUVELLES CONDITIONS SUBJECTIVES DE L'EXISTENCE

Si la foi façonne l'existence humaine, elle doit tenir compte de ce que l'on peut appeler « les conditions subjectives » de l'existence. Or, qu'il s'agisse des modalités de l'agir personnel, des formes de la décision, des conceptions et des pratiques de l'engagement et de la fidélité, de la façon de faire jouer les références éthiques, nul ne contestera qu'en tous ces domaines nous assistons à des évolutions profondes.

Comme nous l'avons observé précédemment, ces évolutions nouvelles sont ambivalentes. Elles peuvent modifier et rendre plus difficile la démarche de la foi, mais elles sont aussi susceptibles de lui ouvrir de nouvelles possibilités.

D'un côté, à partir d'enquêtes sociologiques, certains seront tentés de dire que la foi ne tient pas une grande place dans les décisions de beaucoup de nos contemporains, catholiques y compris : lorsque ceux-ci prennent leurs distances à l'égard des positions du magistère, en affirmant qu'« il n'est pas nécessaire d'avoir une religion pour bien se conduire », n'affirment-ils pas la primauté d'une morale séculière et individualiste ?

Mais d'un autre côté, nous ne pouvons pas oublier tous ceux qui, parmi nous, attestent que leur foi chrétienne les éclaire et les soutient dans leur action, dans l'exercice de leurs responsabilités personnelles et sociales, et aussi dans leur réflexion sur les enjeux et les implications de leurs choix.

C'est sur l'arrière-plan de cette constatation paradoxale que nous chercherons à évaluer la situation actuelle, pour dégager les chances et les difficultés d'une proposition de la foi en Jésus Christ qui soit capable d'inspirer et d'orienter une vie morale.

I. – LE PLURALISME COMME HORIZON DE L'EXISTENCE

1. Une donnée de fait.

Nous devons reconnaître que les diverses générations chrétiennes qui coexistent aujourd'hui n'ont pas été façonnées par les mêmes conditions culturelles.

Les personnes plus âgées ont souvent reçu l'annonce de la foi et l'éducation morale dans un contexte social fortement marqué par le catholicisme. Même si ces personnes ont connu les grands affrontements entre la tradition catholique et la tradition laïque, leur identité propre en sortait renforcée. D'autant plus qu'il existait une connivence en profondeur entre ces deux traditions, spécialement sur le terrain de la morale.

Les plus jeunes, au contraire, même au sein d'une famille chrétienne, sont confrontés de nos jours à ce pluralisme apparemment naturel de convictions et d'options morales, que transmettent les médias et tous les relais de la vie sociale et culturelle. Comment n'en résulterait-il pas pour eux incertitudes et instabilité ?

La plupart des sociologues notent que la société française est devenue un véritable microcosme des sociétés occidentales, où s'exprime une diversité souvent conflictuelle de comportements et de normes éthiques, avec leurs légitimations philosophiques et religieuses.

Par ailleurs, ce pluralisme culturel et éthique se déploie chez nous dans le cadre de la laïcité instituée. Celle-ci, dans ses origines, a eu partie liée avec des forces anticléricales, qui se proposaient de mettre la religion catholique à l'écart de la sphère politique et publique.

Aujourd'hui, avec l'expérience du temps, la laïcité constitue plutôt un cadre institutionnel où diverses traditions religieuses, éthiques et philosophiques peuvent apprendre à s'accepter mutuellement, en renonçant, chacune pour leur part, à légiférer pour la totalité des citoyens.

Les sociologues et les moralistes soulignent le caractère nouveau de ce pluralisme. Pour les jeunes, il constitue une donnée de fait. Par conséquent, il s'agit de comprendre quelles peuvent être les implications de ce fait pour la proposition et la pratique de la foi.

2. Quelle attitude adopter ?

Les risques d'un tel contexte sont certainement sérieux. On peut être déstabilisé par cette multiplicité des façons de vivre, de croire et de donner sens à sa vie. Le relativisme éthique est sans aucun doute favorisé par les conditions du pluralisme : la liberté consistera à tenter des expériences multiples, sans jamais s'engager dans un choix définitif.

Mais, à l'inverse, le risque existe de s'abriter derrière des systèmes pour éviter d'affronter le réel de l'existence. On fait appel à des valeurs abstraites pour échapper à des choix personnels.

C'est ici que les nouveaux venus à la foi, catéchumènes ou « recommençants », nous aident à comprendre comment la foi au Christ peut orienter une existence. Elle constitue d'abord pour eux une instance critique : elle leur permet de renoncer à certains comportements qui ne favorisent pas une existence sensée. Elle leur fournit en même temps des principes de discernement qui les aident à faire des choix. Elle joue aussi un rôle d'unification et de cohérence.

C'est tout l'exercice de la liberté humaine qui se trouve ainsi comme restructuré par la foi : d'une liberté qui ne craint pas de se reconnaître finie et faillible, mais qui ne doute pas de son pouvoir réel dans la construction de soi et qui sait qu'elle est appelée, d'un même mouvement, à s'ouvrir à ce qui la dépasse : à l'altérité de Dieu et des autres, par l'amour.

Il y a là comme une structure interne à la liberté humaine suscitée et soutenue par la foi : une structure qui ouvre sur une intériorisation personnelle et sur un appel au dépassement et au don.

Cette structure peut permettre aux croyants d'habiter ce monde pluraliste en y exerçant leur liberté. Car la pluralité n'est pas forcément un accident extérieur néfaste. Elle peut s'enraciner aussi dans la structure du témoignage évangélique.

Car, si le témoignage engage la vérité de la foi, celle-ci n'apparaîtra que si le témoin est prêt à l'attester et à en répondre par la singularité de son existence.

Dans la liberté de sa foi, le croyant peut limiter de l'intérieur les abus du pluralisme et manifester par ses actes une cohérence de sens avec ce qu'il croit. Pour un disciple du Christ, cette cohérence se réalise en « faisant la vérité » et « en marchant dans la vérité », de sorte que la foi suscite et soutient le libre engagement de l'existence tout entière.

Mais c'est la façon même dont se trouve pratiqué et vécu le pluralisme au sein des communautés chrétiennes qui se trouve aussi en question, alors que s'affirme la variété des options prises par les croyants, dans l'ordre personnel, politique ou social.

Certains voudraient réduire et empêcher ce pluralisme. D'autres sont portés à en faire une sorte de loi.

Mieux vaut d'abord être réalistes et reconnaître que nos communautés ne peuvent plus être des lieux protégés, avec une organisation monolithique.

Elles sont des lieux de liberté et elles doivent le rester, parce que c'est leur vocation. Mais c'est aussi la vocation commune des croyants, des anciens autant que des nouveaux, de faire la preuve, en eux-mêmes et entre eux, que cette liberté ne tourne pas à la licence et au relativisme, mais qu'elle se donne les moyens de vérifier sa cohérence avec la foi de l'Église.

C'est ce travail de vérification qui demande à être entrepris, à frais nouveaux, dans les conditions du pluralisme, et il doit porter en même temps sur la foi et sur la morale.

Sur la foi, qui ne peut pas être réduite à une expérience intimiste, indicible, sans prise sur le réel de la vie et du monde.

Sur la morale et l'action morale, qui ne peut pas se résigner à n'obéir qu'aux lois de ce monde, qu'elles soient celles de la jouissance individuelle ou de l'efficience technique.

Il s'agit de vérifier comment s'établit et se pratique la relation entre la foi qui engage la liberté personnelle, et l'action morale qui accepte de chercher le sens de ce qu'elle accomplit.

Alors se révèle cette cohérence dont nous parlions précédemment, cette cohérence qui se réfère à Jésus Christ quand il appelle ses disciples à fonder leur vie sur sa Parole et sa Grâce.

C'est la recherche de cette cohérence qui peut et qui doit inspirer l'attitude des croyants dans les conditions ambivalentes du pluralisme de la société actuelle.

II. – LA MULTIPLICITÉ DES SYSTÈMES DE RÉFÉRENCE ET LA RESPONSABILITÉ DU SUJET

1. Privatisation et universalisme de la foi.

Cette cohérence nécessaire entre la foi et la morale est mise à l'épreuve d'une autre manière : par ce que l'on appelle la sécularisation, ou plus exactement le sécularisme, en tant que celui-ci confine la religion au domaine de la vie privée.

En constatant ce phénomène, on ne conclut pas à la dissolution des croyances religieuses sur le plan de l'expérience vécue. On constate simplement que ces croyances ne jouent plus leur rôle d'unification personnelle et de légitimation sur le plan de la société. La foi privatisée risque de devenir une foi marginalisée, sans doute professée dans l'intimité du cœur, mais détachée de la vie sociale.

À terme, c'est l'universalisme même de la foi qui est en question. Si chacun se replie sur ses seules convictions individuelles, que deviendra cette ouverture à la totalité de l'humain, des réalités et des attentes humaines, qui est pourtant inscrite dans l'Évangile, et qui a été proclamée par le concile Vatican II, notamment dans sa constitution *Gaudium et spes* ?

Comment servir le bien commun si chacun est renvoyé à ses propres choix individuels, en tout domaine ?

2. La foi comme force d'unification et de cohérence.

Cette difficulté réelle ne doit pourtant pas conduire à des interprétations trop faciles. Car on ne peut pas attribuer au seul individualisme moderne la responsabilité de cette dissociation entre la foi et la morale.

Les réalités sont plus complexes. Si la liberté du choix des sujets est difficile, si elle doit s'exercer dans un contexte d'incertitude, ce n'est pas seulement à cause de l'idéologie individualiste. C'est aussi à cause de la multiplicité des systèmes de références culturelles et morales, qui prévaut dans notre société.

La culture moderne est une culture éclatée, ou du moins polyvalente. Elle ne fournit plus de façon unitaire un enracinement et des finalités capables d'orienter le sens d'une vie. Le temps est loin où les ministres de l'Éducation nationale pouvaient proposer au corps enseignant les principaux éléments d'une formation civique et morale.

Il n'existe plus, à proprement parler, un centre ou un pôle à partir duquel tout s'intégrerait, mais plutôt des centres multiples, des systèmes variés de références qui entrent en tension les uns avec les autres. Il est frappant de constater qu'aux diverses formes de la vie sociale correspondent divers systèmes de pensée, de représentations, d'interprétations du monde, avec des normes difficilement compatibles entre elles.

Les croyants vivent et pratiquent évidemment leur foi dans le contexte de cette multiplicité. Il n'est pas rare, par exemple, qu'un même homme se réfère dans sa vie personnelle à un système de valeurs inspiré par la foi, alors qu'il va mettre en pratique d'autres références morales dans la gestion de son entreprise.

Dans le domaine de la morale individuelle, il privilégie le respect des personnes, mais, dans sa pratique économique, il se conforme aux règles d'une morale utilitaire qui met au premier plan des exigences de rentabilité.

Il est souvent difficile pour les sujets d'inscrire leur existence dans une totalité de sens. Ce sont les tensions qui dominent, en raison de cette espèce de polycentrisme que nous venons d'analyser.

C'est ici que la foi chrétienne peut être proposée comme une force d'unification et de cohérence. Elle permet au sujet d'affirmer sa liberté et de la construire à travers les actes mêmes qu'il pose en tous domaines, aussi bien dans sa vie conjugale que dans ses responsabilités sociales.

C'est dans la perspective de cette affirmation et de cette construction de la liberté que se manifeste l'importance de la conscience personnelle, qui n'est pas un oracle, mais un haut lieu de délibération intérieure, de débat avec soi-même et, en dernière instance, de dialogue avec Dieu, de confrontation avec ses appels.

L'expérience morale de nombreux chrétiens illustre ces perspectives. Au milieu des sollicitations venant des multiples systèmes de références, c'est l'action des personnes qui devient déterminante. Et cette action doit être prise au sens le plus large, c'est-à-dire au sens de toute démarche en laquelle l'homme est capable de mobiliser son existence et de lui donner cette justification ultime qui permet qu'une vie se perde ou se sauve.

On mesure alors la vérité de l'avertissement de Jésus :

« Quel avantage l'homme a-t-il à gagner le monde entier, s'il le perd ou se ruine lui-même ? » (Lc 9, 25). Et l'on comprend aussi l'insistance de Jean Paul II, dans l'encyclique *Veritatis splendor,* lorsqu'il souligne l'enjeu spécifiquement humain de toute responsabilité morale : « Ce n'est pas seulement le monde, mais aussi l'homme lui-même qui a été confié à ses propres soins et à sa propre responsabilité [...] De même que l'homme façonne le monde par son intelligence et par sa volonté en le maîtrisant, de même l'homme confirme, développe et consolide en lui-même sa ressemblance avec Dieu en accomplissant des actes moralement bons » (n° 39).

III. – L'AFFIRMATION DE LA PERSONNE ET LA RESPONSABILITÉ MORALE

1. Du code à la construction de soi.

Dans son introduction au *Dictionnaire de morale catholique,* le Père Jean-Louis Bruguès, pour comprendre la situation actuelle de la morale, reprend la distinction faite par le philosophe Michel Foucault dans son *Histoire de la sexualité* entre deux modèles éthiques : « l'éthique du code » et « l'éthique de la construction de soi ».

Le premier modèle consiste à conformer l'action humaine à un code, entendu comme « un ensemble de valeurs et de règles d'action qui sont proposées aux individus et aux groupes par l'intermédiaire d'appareils prescriptifs divers, comme peuvent l'être la famille, les institutions éducatives, les Églises, etc. » (p. 32). Dans le second, l'éthique serait présentée comme un « art de l'existence » ou une « technique de soi » : « Par là, il faut entendre les pratiques réfléchies et volontaires par lesquelles les hommes, non seulement se fixent des règles de conduite, mais cherchent à se transformer eux-mêmes, à se modifier dans leur être singulier et à faire de leur vie une œuvre qui porte certaines valeurs esthétiques et réponde à certains critères de style » (p. 16-17).

En reprenant cette distinction, le Père Brugués proposait de repenser la morale catholique selon les catégories de « l'éthique de la construction de soi ».

En faisant appel à des catégories plus sociologiques, on peut dire que nous vivons actuellement, dans une large mesure, le passage d'une société de la prescription à une société de l'inscription. Cette distinction rejoint celle de Michel Foucault, puisque la « prescription » signifie qu'un certain nombre d'institutions prescrivent aux individus les devoirs, consignes, sens et pratiques relatifs à leur vie, tandis que l'« inscription » désigne une situation dans laquelle les personnes doivent déterminer elles-mêmes une échelle de valeurs et un mode d'insertion dans le monde.

Ces distinctions et ces oppositions sont sans doute trop schématiques. Mais que l'on insiste sur la différence entre le « code » et la « construction de soi », ou sur le passage de la prescription à l'inscription, on souligne de toute façon en quoi les nouvelles conditions subjectives de l'existence mettent en relief l'affirmation des personnes et leur besoin de répondre de l'intérieur à une quête profonde de liberté et de sens.

Plus concrètement, la question nous est posée d'accompagner des personnes sur ce chemin, de les soutenir dans l'exercice de leur responsabilité et de vérifier ce qui se passe dans les pratiques des croyants, en reprenant tout le patrimoine spirituel de l'accompagnement et du discernement.

L'expérience des « pratiquants » de la foi, qu'ils soient des nouveaux venus ou qu'ils soient de ceux qui sont restés fidèles, à travers des conflits et des épreuves, est déjà un témoignage très parlant. Elle montre comment la foi chrétienne fournit à l'action humaine une force d'inspiration et aussi une instance de discernement pour s'inscrire dans les réalités concrètes du monde. Car le discernement aide à pratiquer à la fois l'accueil et le refus : l'accueil de ce qui construit réellement des libertés, le refus de ce qui les détruit ou les entrave. Mais l'énergie morale de la foi va plus loin : elle donne le sens fondamental d'une vie, en se référant à la finalité de tout parcours humain, individuel ou collectif.

Pour soutenir l'expérience des pratiquants, nous disposons d'une autre ressource : celle qui a trait au discernement spirituel, ou plus exactement au lien qui existe entre discernement spirituel et discernement moral. Les grandes traditions spirituelles doivent être davantage exploitées : elles n'évoquent pas seulement des voies particulières réservées à une élite. Elles jalonnent la manière concrète de suivre la « voie » du Christ.

Le discernement spirituel qui cherche à comprendre ce que Dieu veut et à entrer dans l'Esprit du Christ pour « sentir selon lui » est une manière chrétienne de déterminer et d'accomplir notre action dans la lumière et la force de la foi.

Certes, l'Évangile n'est pas comme tel une solution éthique. Mais le discernement spirituel aide à comprendre comment l'Évangile peut être la source normative de nos engagements, de nos décisions et même de nos intentions. On dépasse alors l'opposition trop schématique entre le prescrit et le choisi et l'on découvre, comme Jean Paul II le souligne dans *Veritatis splendor,* que « la foi chrétienne n'est pas seulement un ensemble de propositions à accueillir et à ratifier par l'intelligence. Au contraire, c'est une connaissance et une expérience du Christ, une mémoire vivante de ses commandements, une vérité à vivre [...] une décision qui engage toute l'existence » (n° 88).

2. Les métamorphoses de l'individualisme et la responsabilité morale.

Cette affirmation de la personne, engagée dans la construction de soi, s'inscrit évidemment dans le cadre de ce que l'on appelle l'individualisme moderne.

Mais cet individualisme lui-même est marqué par une évolution profonde qu'il ne faudrait pas négliger.

Il y a une vingtaine d'années, l'individualisme était porté par une volonté fortement proclamée de transgression, notamment dans le domaine de la vie sexuelle. C'était un individualisme conquérant, militant, qui se voulait héroïque et prétendait inventer de nouvelles relations aux autres et au monde.

Le contexte a aujourd'hui beaucoup changé : sur fond

de chômage, d'exclusions et de Sida, c'est la réalisation émotionnelle de soi-même qui est plutôt recherchée. On parle alors d'individualisme narcissique, pour mettre en relief cette recherche de soi-même, qui est souvent une réaction de défense face à un monde extérieur menaçant.

En d'autres termes, l'époque de l'individualisme militant et ludique est passée : c'est un individualisme inquiet qui domine le plus souvent et qui s'accompagne paradoxalement d'une recherche nouvelle de sociabilité et d'un sens réel de la responsabilité éthique.

Nous savons tous que les idéologies hier dominantes ne séduisent plus et que les partis politiques ne proposent plus de grands projets collectifs. C'est dans ce contexte « désenchanté » que les individus cherchent de nouveaux réseaux d'appartenance, où l'on puisse partager les mêmes préoccupations ou les mêmes activités, d'ordre culturel, sportif, humanitaire ou religieux.

Des chrétiens sont souvent très engagés dans ces initiatives de type associatif. Mais leur originalité consiste à montrer que les proximités immédiates n'excluent pas les projets à long terme : l'Évangile du Christ apprend à conjuguer la présence au prochain le plus proche et la solidarité avec des groupes ou des peuples plus lointains.

D'autant plus qu'il y a dans la Parole du Christ un appel permanent à sortir de soi-même, pour reconnaître en l'autre, surtout s'il est pauvre et démuni, un signe de la venue de Dieu.

D'autre part, nous devons reconnaître que ce contexte de désenchantement n'exclut pas le sens de la responsabilité éthique. Plus les appartenances communautaires s'effacent, plus les individus sont livrés à leurs propres responsabilités, en ce qui concerne la construction de leur vie, leurs relations aux autres et au monde. Pour certains jeunes qui manquent de repères et de points d'appui, cela peut aller jusqu'à l'angoisse, surtout si l'on se sent incapable d'assumer les tâches dont on est chargé.

Notre société demeure comme hantée par le souci de la responsabilité : face à toutes les formes du mal, malhonnêtetés, violences, maladies, elle cherche des coupables. Elle veut convaincre les individus qu'ils doivent répondre de leurs actes, quitte à dissoudre ensuite les responsabilités dans des systèmes complexes. En tout cas, plus s'accentue le droit subjectif à vivre libre, plus s'impose un discours sur l'exigence de responsabilité.

3. « Si tu savais le don de Dieu... »

C'est un immense travail d'éducation qui est ici proposé aux chrétiens, une éducation de la liberté et de la responsabilité humaine pour temps d'incertitude.

Cette éducation doit oser s'appuyer sur la grande théologie de la création et du salut. À l'origine de tout, et en particulier à l'origine de l'homme, il y a l'acte de confiance absolue de Dieu qui remet le monde entre les mains de sa créature. De ce grand récit biblique de la Genèse, nous avons souvent retenu, surtout en période de croissance économique, l'impératif de la maîtrise rationnelle du monde. Nous devons remettre l'accent sur la gérance responsable de la création, qui ne demande pas seulement à être exploitée, mais à être cultivée et respectée.

Et surtout, il nous faut retrouver le sens de cette Alliance primordiale qui est d'abord un acte de don et de confiance. Les paraboles de l'Évangile qui évoquent les talents à mettre en valeur ou les tâches de gérance à accomplir (voir Mt 25, 14-30) nous rappellent que notre responsabilité d'homme est reçue du Père créateur et que Dieu est d'abord donateur de liberté.

Sur cet horizon de don et d'Alliance, l'homme peut reconnaître le caractère fini et faillible de sa liberté. L'affirmation du péché originel est un réalisme fondamental : on ne commence pas par rêver d'une liberté sans faille et d'une responsabilité sans limites. On commence plutôt par s'accepter avec ses failles et ses limites.

Alors la Révélation du Christ peut se manifester pour ce qu'elle est : le salut de l'homme par la proximité du Fils, qui vient délier notre liberté, en l'ouvrant à nouveau au don de Dieu qui passe par sa Croix.

Tout l'Évangile peut être lu et médité comme le geste de Dieu quand il vient chercher et sauver nos libertés captives. La plupart des rencontres de l'Évangile, avec la Samaritaine du puits de Jacob ou avec le pharisien Zachée à Jéricho, sont une pédagogie en actes de cet éveil et de ce salut des libertés personnelles, entravées par le péché.

C'est la Révélation du don de Dieu en Jésus Christ qui opère ce travail. Ces hommes et ces femmes qui doutent d'eux-mêmes et du pouvoir de leur liberté, sont appelés par Jésus à un acte de foi qui les libère radicalement : parce que cet acte de foi porte, du même mouvement, sur la nouveauté de Dieu quand il vient vers eux, et sur la conscience qu'ils prennent et de leur propre péché et de la vie nouvelle à laquelle ils sont appelés.

« Si tu savais le don de Dieu... », dit Jésus à cette femme de Samarie (voir Jn 4, 10), qui a d'abord commencé par faire le constat de la distance insurmontable entre la demande de Jésus et ses propres capacités.

Beaucoup de nos contemporains font l'expérience de cette distance intérieure, conscients qu'ils sont à la fois de leurs responsabilités dans le monde et de leurs limites infranchissables, des failles et des blessures de leur liberté.

Proposer la foi au Père créateur et au Christ Sauveur, c'est appeler du même coup des libertés humaines à sortir d'elles-mêmes, et à entrer dans cette Alliance dont Dieu est l'initiateur et dont l'Esprit Saint est le guide.

C'est un véritable service que l'on peut rendre ainsi à des adultes et à des jeunes, en leur donnant des raisons de croire en leur propre liberté, à cause de l'acte primordial de la confiance de Dieu en l'homme, sa créature et son enfant.

Jean Paul II a raison de montrer à sa manière, dans *Veritatis splendor,* que cette éducation morale de la liberté a des racines théologiques et anthropologiques. Elle est inséparable de la Révélation de Dieu comme Donateur du monde à la liberté des hommes, et de la Révélation de l'homme, comme chargé de mission pour faire de ce monde et de sa propre humanité le haut lieu de l'Alliance.

Notre tâche d'éducation morale doit sans relâche aller jusque-là : montrer les enracinements théologiques et anthropologiques de la morale chrétienne et des positions de l'Église catholique, qu'il s'agisse du sens du corps humain qui ne peut jamais être traité comme un objet extérieur, ou bien de l'option préférentielle pour les pauvres, qui est fondée sur la valeur irréductible de toute personne humaine.

La foi au Dieu de Jésus Christ n'ajoute rien au sens humain de la responsabilité. Mais, en la fondant sur l'Alliance de Dieu avec l'homme, elle lui donne des raisons de se déployer sans craindre ses propres limites.

« Si tu savais le don de Dieu... » Guy Coq aime rappeler ce beau récit des *Misérables* de Victor Hugo où l'on voit l'évêque de Digne donner à Jean Valjean, le forçat évadé, les chandeliers que celui-ci lui avait volés, transformant ainsi le vol en un don.

C'est d'une façon analogue que Dieu, à travers la geste rédemptrice du Fils, à travers la Croix, rend l'homme à lui-même, en lui donnant la responsabilité d'attester désormais par sa vie dans la foi le don de Dieu qui excède définitivement toutes ses forfaitures d'homme.

L'Église n'en finit pas d'actualiser cette Révélation bouleversante qui convertit, qui transforme, qui reconstruit nos vies et nos libertés.

Proposer la foi au Christ, en ces temps de pluralisme et d'individualisme inquiet, implique l'appel à cette conversion. Tel est le projet de toute éducation morale inspirée par l'Évangile.

CHAPITRE III

UN NOUVEAU CONTEXTE INSTITUTIONNEL

Compte tenu de la stabilité constitutionnelle que connaît notre pays depuis plus de trente ans, il pourrait sembler que les transformations que nous venons d'examiner dans la manière de croire et de vivre sa foi ont laissé intact le cadre institutionnel qui régit l'existence des Français.

Ces apparences ne doivent pas faire illusion. En réalité, ce sont toutes les institutions familiales, scolaires, sociales, professionnelles, culturelles qui ont été profondément bouleversées depuis la fin de la Seconde Guerre mondiale, et notamment à cause de cette « rupture de traditions », qui, selon les sociologues et les historiens, culmine autour des années 1965-1975.

Il est évident que toutes ces évolutions font sentir leurs conséquences sur la manière dont les Français, et en particulier les jeunes générations, peuvent entendre et recevoir la Parole de Dieu. En réalité, il serait plus exact de dire qu'il existe une sorte de causalité réciproque entre les diverses transformations qui affectent la société et l'accueil qui peut être fait à la proposition de la foi. Ceci est particulièrement vrai dans tous les domaines qui ont trait à la famille, à l'école, à l'éducation, à l'emploi, aux loisirs et à l'information.

Régulièrement, les diverses commissions de notre Conférence épiscopale ont fait le point sur l'un ou l'autre aspect de cette transformation profonde de la société française. Nous ne reviendrons pas ici sur ces analyses. Mais, au-delà de tous ces points particuliers, nous voudrions insister sur les nouvelles conditions qui sont faites aujourd'hui à la liberté religieuse et à son expression, dans notre démocratie française.

La France a, dans ce domaine, une expérience tout à fait singulière, à tel point que l'on a pu parler de « l'exception française en Europe ». Notre histoire a été marquée, et parfois tragiquement, par de longues périodes d'affrontement entre l'État et l'Église catholique. L'heure est peut-être venue de tirer les enseignements de cette histoire, pour inscrire plus librement la foi chrétienne dans le nouveau contexte institutionnel qui est le nôtre.

I. – LA LAÏCITÉ : LES ACQUIS ET LES ENJEUX

Au moment où l'Église s'apprête à célébrer le trentième anniversaire du concile Vatican II achevé en 1965, nous voulons redire notre volonté d'être fidèles à la lettre et à l'esprit de ce concile.

Concernant la liberté religieuse, nous mesurons tout particulièrement l'importance et l'actualité des enseignements contenus dans les deux constitutions *Lumen gentium* et *Gaudium et spes,* et dans la déclaration *Dignitatis humanae.*

Aujourd'hui encore, en maintes régions du monde, des femmes et des hommes sont persécutés à cause de leurs convictions religieuses. Parmi ces victimes de l'intolérance, nombreux sont les chrétiens. Ce serait faire insulte à leur souffrance, et parfois à leur martyre, que de ne pas tenir la liberté religieuse comme un bien essentiel à toute vie en société.

Devant les menaces qui pèsent aujourd'hui sur la liberté de conscience, et parfois sur la vie même des personnes, du fait de pouvoirs totalitaires parfois liés à des fondamentalismes religieux, les catholiques sont appelés d'abord à un examen critique de leurs propres attitudes en ce domaine, ensuite à une action résolue en vue de protéger et de promouvoir cette liberté fondamentale.

1. Une mémoire à guérir.

1. Nous, catholiques de France, nous n'ignorons pas que nous touchons là un point très sensible de notre mémoire. Car nous ne pouvons pas oublier les deux crises majeures au cours desquelles se sont affrontés l'Église et l'État, d'abord à la fin du XVIIIe siècle avec la Révolution de 1789, et ensuite à la fin du XIXe et au début du XXe siècle, avec la séparation de l'Église et de l'école, dans les années 1880, suivie en 1905 par la séparation de

l'Église et de l'État. Ces deux crises ont laissé dans notre mémoire et dans notre inconscient collectif l'impression d'un antagonisme durable entre deux blocs irréconciliables : non seulement l'Église et l'État, mais la tradition catholique et la tradition laïque, avec toutes sortes de conséquences dans le domaine des options politiques et dans celui des systèmes éducatifs.

La commémoration récente du deuxième centenaire de la Révolution a pu permettre de mesurer la gravité de cet affrontement. À la fin du XVIIIe siècle, les catholiques de notre pays ont été confrontés à une épreuve très profonde. Alors qu'ils s'étaient d'abord montrés, dans leur majorité, favorables aux réformes politiques et sociales, beaucoup d'entre eux ont cru devoir faire « objection de conscience » et s'opposer à l'application de la Constitution civile du clergé.

Avec le recul du temps, et à la lumière de la doctrine de Vatican II, il est devenu clair qu'ils avaient raison de refuser ce qui était, de fait, une mainmise de l'État sur l'organisation interne de l'Église et qui en niait pratiquement le caractère sacramentel.

C'est pourquoi nous avons tenu à honorer la mémoire des martyrs des Carmes, en septembre 1992. C'est aussi pourquoi plusieurs de nos diocèses ont organisé des commémorations à l'occasion du deuxième centenaire de la guerre de Vendée et de bien d'autres événements liés à la Terreur et aux persécutions de la période révolutionnaire.

Pour autant, le fait de reconnaître le courage de tous ceux qui furent martyrisés à cause de leur fidélité à leur conscience et à la foi catholique ne nous oblige pas à reprendre à notre compte les positions antirévolutionnaires qui se sont affirmées, souvent avec intolérance, dans les mentalités catholiques françaises au cours du XIXe siècle.

Plus encore, après presque un siècle de pratique du régime de séparation de l'Église et de l'État, nous pouvons nous réjouir de ne plus être enfermés dans ce face-à-face conflictuel entre l'Église et l'État, et de ne plus avoir à penser le présent et l'avenir de notre société selon la logique inexorable de l'affrontement entre deux blocs.

Les travaux de nombreux historiens nous permettent aussi de dépasser les interprétations manichéennes de ces événements et de procéder à des évaluations nuancées. Nous avons nous-mêmes la liberté de reconnaître que ces moments d'épreuves ont été aussi des moments d'approfondissement de la foi au Christ. Les grandes initiatives missionnaires qui marquent le XIXe siècle ne se comprennent que dans un tel contexte spirituel.

2. Sur le plan proprement doctrinal, nous ne sommes pas non plus sans points de repère pour effectuer ce travail de réévaluation. Voilà plus d'un siècle, le pape Léon XIII adressait aux catholiques de France l'encyclique *Au milieu des sollicitudes,* pour les inviter à « accepter la République qui est le gouvernement actuel de leur nation ».

Plus tard, au début de la IVe République, en 1945, les cardinaux et archevêques de France ont publié une déclaration relative à la laïcité de l'État, pour indiquer en quel sens celle-ci pouvait être reçue et admise.

En 1965, le concile Vatican II a déclaré solennellement : « La personne humaine a droit à la liberté religieuse. Cette liberté consiste en ce que tous les hommes doivent être soustraits à toute contrainte de la part tant des individus que des groupes sociaux et de quelque pouvoir humain que ce soit, de telle sorte qu'en matière religieuse nul ne soit forcé d'agir contre sa conscience ni empêché d'agir, dans de justes limites, selon sa conscience, en privé comme en public, seul ou associé à d'autres. [...] Le droit à la liberté religieuse a son fondement dans la dignité même de la personne humaine » (*Dignitatis humanae,* n° 2).

Plus récemment encore, dans son message pour la journée de la paix, le 1er janvier 1991, le pape Jean-Paul II a écrit ceci : « Pour ce qui est de l'intolérance religieuse, on ne peut nier que, malgré l'enseignement constant de l'Église catholique, selon lequel personne ne peut être amené par contrainte à la foi, bien des difficultés et même des conflits sont nés, au cours des siècles, entre les chrétiens et les membres d'autres religions. Le deuxième concile du Vatican l'a reconnu formellement, affirmant qu'il y a eu parfois "dans la vie du peuple de Dieu, cheminant à travers les vicissitudes de l'histoire humaine, des manières d'agir moins conformes, bien plus, contraires à l'esprit évangélique" » (Message pour la journée de la paix, *Documentation catholique,* n° 2020, p. 55).

Le pape ajoutait : « On arrive à des situations très délicates lorsqu'une norme spécifiquement religieuse devient, ou tend à devenir, loi de l'État, sans que l'on tienne compte comme on le devrait de la distinction entre les compétences de la religion et celles de la société politique. Identifier loi religieuse et loi civile peut effectivement étouffer la liberté religieuse et aller jusqu'à limiter ou à nier d'autres droits inaliénables de l'homme » *(ibid.)*.

3. Parallèlement à ces prises de position officielles, du côté catholique, les institutions politiques ont, elles aussi, évolué, et nous devons en prendre acte. En reconnaissant les libertés syndicales (1884), puis le droit d'association des citoyens (1901), la IIIe République, malgré la politique anticléricale de cette époque, a mis en place des éléments constitutionnels qui ont permis de sortir progressivement des affrontements hérités du siècle précédent.

Même la querelle scolaire qui a longtemps opposé les « deux France » a fini par trouver, sur la base des contrats instaurés par la loi de 1959, un cadre institutionnel qui a fait la preuve de son utilité et de sa solidité. Bien que toutes les questions ne soient pas résolues, nous prenons acte du fait que l'école catholique est de plus en plus considérée, par les différents gouvernements, comme un partenaire loyal qui, dans le respect de son caractère propre, apporte une contribution importante au service public d'éducation.

Ainsi donc, l'opposition frontale entre la France laïque et républicaine, d'un côté, et de l'autre la France catholique et antirévolutionnaire, même si elle subsiste encore en certains cercles, ne divise plus réellement les citoyens français.

Déjà, en 1972, l'Assemblée des évêques avait pris acte de cette évolution des esprits. Le texte dans lequel nous avons publiquement reconnu la légitimité du pluralisme politique des catholiques n'a pas perdu de son actualité (*Pour une pratique chrétienne de la politique,* Lourdes, 1972). Même s'il faut aujourd'hui résister à une certaine dévalorisation de l'action politique comme telle.

2. Un avenir commun à construire.

Aujourd'hui, dans leur immense majorité, les catholiques de France se considèrent comme des citoyens de plein droit. Ils ont dépassé le contentieux qui a longtemps opposé leurs pères aux institutions républicaines, et ils admettent sereinement la laïcité de l'État.

Nombreux sont ceux qui militent dans les associations de la société civile, dans les syndicats et dans les partis politiques. Ils contribuent ainsi activement, avec leur sens des responsabilités et les ressources propres de leur foi, au bien commun de notre pays. Il est souhaitable que ces chrétiens militants, qui exercent souvent des fonctions électives, prennent le temps de se rencontrer, de se former et de réfléchir ensemble aux grands défis que doit affronter notre société.

À la faveur de la décentralisation, de nouveaux équilibres se sont établis entre les collectivités territoriales : ils permettent un dialogue renouvelé avec les élus ainsi qu'avec les divers responsables administratifs. Du fait des imbrications que nous ont léguées les lois dites de Séparation (1905), nous avons fréquemment à rencontrer l'un ou l'autre de ces responsables, ne serait-ce que pour envisager l'entretien des églises ou des presbytères. Il en va de même à l'occasion de bien des manifestations culturelles ou patriotiques.

De façon habituelle, les relations de travail qui s'établissent entre nous pour la gestion et la mise en valeur du patrimoine architectural sont la plupart du temps confiantes. Surtout, à cause de la nécessaire restructuration de nos paroisses rurales, nous affrontons toutes les questions liées à l'intercommunalité. Des relations de partenariat s'établissent ainsi et l'Église catholique, de façon générale, est reconnue comme partie prenante des évolutions en cours. Il arrive même que l'on compte sur elle pour préparer les esprits à des transformations nécessaires.

Pour avoir souvent l'occasion de rencontrer ces responsables et ces militants, soit lors des visites sur le terrain, soit en participant aux réunions des conseils pastoraux ou des mouvements d'apostolat, nous apprécions beaucoup la somme de dévouement et de compétence que représentent tous ces engagements. Nous souhaitons que tous les catholiques apportent leur contribution à la solution des problèmes difficiles du chômage, de la précarité, de l'exclusion, et aussi du développement économique, que rencontre notre société.

Nous-mêmes, lorsque nous intervenons comme évêques sur l'une ou l'autre de ces grandes réalités qui sollicitent la réflexion et l'engagement de tous, nous n'avons pas pour objectif de régenter les institutions politiques : notre seul souci est de participer au débat public, en y apportant la lumière et les exigences de l'Évangile, et en nous faisant, en toutes circonstances, les défenseurs de la personne humaine.

II. – LA LIBERTÉ RELIGIEUSE EN FRANCE DANS LE CONTEXTE DE LA CONSTRUCTION EUROPÉENNE

1. Un équilibre en évolution.

La tradition de la « laïcité à la française » n'est pas la seule manière de réaliser la liberté religieuse à l'intérieur d'une société démocratique. Il existe d'autres pays qui ont su réaliser un équilibre entre le nécessaire maintien d'un ordre public et le respect des adhésions religieuses personnelles.

Vue sous cet angle, la solution française apparaît même plutôt comme restreinte et parfois difficile à appliquer, dans sa volonté de renvoyer le fait religieux à la seule sphère de la vie privée.

En fait, elle ne s'explique que par l'histoire singulière de notre pays. Ne serait-ce que par son étymologie, le terme de laïcité dit bien ce que cette tradition doit à l'héritage catholique auquel elle s'est opposée. En effet, il ne peut y avoir de réalité « laïque » que par distinction et opposition avec une autre réalité « cléricale ». La laïcité à la française suppose donc, dans les faits, un certain partage des responsabilités entre l'État, qui prétend à une stricte neutralité sur le plan religieux, et l'Église catholique, à qui l'on reconnaît implicitement un statut de « service public de la religion ».

Mais un tel système ne peut durer que pour autant que ses deux pôles gardent leur cohérence et à la condition qu'ils soient articulés, l'un et l'autre, autour d'un socle de valeurs communes. C'était précisément le cas, dans la mesure où la morale laïque, fondement de l'école républicaine, se présentait avec un contenu relativement analogue à celui de la morale judéo-chrétienne, même si elle renvoyait l'adhésion proprement religieuse dans le domaine de la conscience individuelle.

Aujourd'hui, cet équilibre tout à fait particulier est soumis à plusieurs évolutions dont il est urgent de prendre la mesure. La tradition laïque et la tradition catholique ne s'affrontent plus comme deux blocs antagonistes. L'une et l'autre sont soumises à cette « rupture de traditions » qui affecte la culture actuelle. C'est la place du fait religieux dans l'éducation des jeunes qui est aujourd'hui en question, d'autant plus que la religion musulmane, présente dans notre pays, ne se réfère pas à la même tradition historique et conçoit autrement le rapport à la société.

Dans un tel contexte, le christianisme est sans doute appelé à s'inscrire autrement dans notre société laïque, tout en pratiquant lui-même un dialogue effectif avec les autres religions, et en particulier avec l'islam.

2. Le christianisme en Europe.

Mais, parmi les facteurs qui invitent à une certaine réévaluation des relations entre l'État et l'Église catholique, l'entrée dans l'Union européenne est sans doute le plus important. Depuis la fin de la Seconde Guerre mondiale, l'Europe occidentale est engagée dans un processus d'unification qui pose des questions nouvelles à bien des égards.

Pour ce qui nous intéresse ici, il est clair que cette évolution nous fait sortir de l'affrontement qui a longtemps marqué, en France, les relations entre l'État et l'Église catholique.

Cela ne signifie nullement que la tradition française soit appelée à se fondre dans un cadre européen. L'exemple français qui privilégie l'intégration des personnes plutôt que le maintien des communautés peut aussi se révéler utile à l'avenir de notre continent.

Mais le processus d'union européenne est une invitation à replacer la question de la laïcité dans la perspective plus vaste de la liberté religieuse et de la démocratie. D'ores et déjà, nous voyons se poser des problèmes partiellement ignorés par notre tradition française : il est clair, par exemple, que la circulation des étudiants entre les diverses universités européennes peut conduire à réévaluer la place du fait religieux dans les systèmes d'éducation. L'Europe représente donc une chance à saisir pour le renouvellement de notre réflexion.

Lors de sa visite au Parlement européen, à Strasbourg, le 11 octobre 1988, le pape Jean-Paul II a évoqué la place de la foi chrétienne dans l'histoire de l'Europe :

C'est dans l'humus du christianisme que l'Europe moderne a puisé le principe – souvent perdu de vue pendant les siècles de chrétienté – qui gouverne le plus fondamentalement la vie publique : je veux dire le principe, proclamé pour la première fois par le Christ, de la distinction de « ce qui est à César » et de « ce qui est à Dieu » (voir Mt 22, 21)...

Dire qu'il revient à la communauté religieuse, et non à l'État, de gérer « ce qui est à Dieu », revient à poser une limite salutaire au pouvoir des hommes, et cette limite est celle du domaine de la conscience, des fins dernières, du sens ultime de l'existence, de l'ouverture sur l'absolu, de la tension vers un achèvement jamais atteint, qui stimule les efforts et inspire les choix justes [...]

Notre histoire européenne montre abondamment combien souvent la frontière entre « ce qui est à César » et « ce qui est à Dieu » a été franchie dans les deux sens. La chrétienté latine médiévale, qui pourtant a théoriquement élaboré, en reprenant la grande tradition d'Aristote, la conception naturelle de l'État, n'a pas toujours échappé à la tentation intégraliste d'exclure de la communauté temporelle ceux qui ne professent pas la vraie foi. L'intégralisme religieux, sans distinction entre la sphère de la foi et celle de la vie civile, aujourd'hui encore pratiqué sous d'autres cieux, paraît incompatible avec le génie propre de l'Europe tel que l'a façonné le message chrétien.

Mais c'est d'ailleurs que sont venues, en notre temps, les plus grandes menaces, lorsque des idéologies ont absolutisé la société elle-même ou un groupe dominant, au mépris de la personne humaine et de la liberté. Là où l'homme ne prend pas appui sur une grandeur qui le transcende, il risque de se livrer au pouvoir sans frein de l'arbitraire et des pseudo-absolus qui le détruisent. (Discours au Parlement européen, 11 octobre 1988, *Documentation catholique,* n° 1971, p. 1045.)

Ces avertissements du pape nous obligent à un examen de conscience large et honnête. Il nous faut reconnaître le rôle décisif joué par le christianisme, par la foi chrétienne et par l'Église dans le développement de l'Europe et le rayonnement de sa culture.

Il nous faut reconnaître aussi que l'Église catholique a pu abuser à certains moments de la position hégémonique qu'elle occupait dans les sociétés et les États européens. L'exclusion des juifs, la persécution des protestants, des attitudes violentes et intolérantes et d'autres faits analogues témoignent d'un refus effectif de la liberté religieuse et continuent de marquer la mémoire collective de certains pays européens, et notamment de la France.

Enfin, l'histoire récente du XXe siècle est marquée par les tragédies qui ont ravagé notre continent, avec l'affirmation des systèmes totalitaires qui ont persécuté les chrétiens et cherché à exclure le christianisme de la vie publique.

Mais le fait d'avoir été persécutés ne saurait exonérer les chrétiens de toute responsabilité pour le présent et l'avenir. C'est pourquoi on ne peut pas accepter que l'Évangile du Christ se laisse instrumentaliser par des causes qui seraient fondées sur le mépris de l'autre ou la haine de l'étranger. Il serait désastreux que la religion catholique soit entraînée dans ces dérives nationalistes que le pape Jean Paul II vient de condamner vigoureusement lors de sa visite à Zagreb.

Inversement, devant certains amalgames que l'on pratique entre nationalisme et religion, il est permis de se poser la question : n'est-ce pas la foi chrétienne, en tant qu'elle est porteuse d'un message universel, qui peut devenir l'un des meilleurs antidotes contre le poison du nationalisme ?

Cela suppose que les Églises, et en particulier l'Église catholique, aient la possibilité concrète de proposer la Parole du Christ comme une Parole vivante aux jeunes générations.

Sur ce point, nous ne pouvons pas cacher notre inquiétude pour ce qui concerne en France la transmission de la culture religieuse et la place du fait religieux dans l'éducation.

III. – LE FAIT RELIGIEUX DANS LE CONTEXTE ACTUEL DE LA CULTURE ET DE L'ÉDUCATION

1. Une transmission difficile.

Tous les observateurs en conviennent : il semble de plus en plus difficile pour les jeunes générations de s'approprier la culture religieuse liée à la tradition chrétienne qui marque l'histoire de notre pays.

On ne compte plus les témoignages ou les informations qui se font l'écho de cette situation. Tantôt ce sont des enseignants qui se plaignent de ce que leurs élèves ou leurs étudiants soient incapables d'identifier les thèmes bibliques présents dans une œuvre littéraire ou une œuvre d'art. Tantôt ce sont les responsables du patrimoine qui doivent apprendre à des visiteurs les principes de la liturgie chrétienne en fonction de laquelle tel ou tel édifice a été construit.

Ces lacunes sont le symptôme de cette « rupture de traditions » qui affecte la mémoire collective de notre société.

2. Les responsabilités du système éducatif.

Le système éducatif a évidemment sa part de responsabilité dans ce domaine, car il est difficile d'inscrire dans les programmes une réelle initiation à la culture religieuse, aussi bien dans les établissements de l'enseignement public que dans ceux de l'enseignement catholique.

Cela est sans doute dû à une conception restrictive de la laïcité et de la culture qui tendait à exclure le fait religieux de l'école et de l'université et qui n'a donc pas préparé les enseignants à la prise en compte de cette dimension de l'existence humaine.

Ici ou là, des initiatives se font jour, non pas pour créer un enseignement spécifique de culture religieuse, mais pour intégrer l'étude de ces questions dans le cadre des autres disciplines. Ce n'est pas seulement de l'enseignement des religions qu'il s'agit, mais de la reconnaissance du fait religieux dans sa spécificité.

Ces efforts et ces recherches doivent être poursuivis. Ils permettent de distinguer et de relier la proposition de la foi et la transmission de la culture religieuse : car, de même que l'acquisition d'une vraie culture religieuse est une des médiations les plus habituelles pour entrer en contact avec la Parole de Dieu et s'initier à l'histoire du peuple des croyants, de même l'entrée dans une démarche catéchétique est un réel chemin pour accéder à une vraie culture religieuse.

3. Le besoin de formation.

Cependant, il faut reconnaître que toutes les difficultés ne viennent pas du désintérêt de l'État et de l'Éducation nationale. Beaucoup tiennent aussi à la négligence des familles qui ne voient pas l'utilité de la formation religieuse pour leurs enfants.

Alors même que ces derniers viennent volontiers participer à la catéchèse, au point d'y inviter des camarades de classe, ce sont les parents, qui la considèrent parfois comme une activité de loisirs, parmi d'autres. Par ailleurs, la multiplication des activités proposées en dehors des activités scolaires est telle aujourd'hui qu'il devient urgent d'aider les familles à mesurer les conséquences de leur choix ou de leur refus dans ce domaine.

C'est pourquoi nous sommes décidés à proposer à tous les jeunes qui le souhaitent d'être initiés à la foi et à la vie chrétienne par le moyen de la formation catéchétique ou des aumôneries scolaires.

En plus de sa fonction ecclésiale, que nous voulons pour elle-même, parce qu'elle est primordiale à nos yeux, une telle initiation contribue aussi à une authentique intégration sociale de tous ceux qui en sont bénéficiaires.

Car entre le système scolaire, où la compétition pour les diplômes tend à se durcir, et des familles souvent éclatées, beaucoup de jeunes ont besoin de lieux et de mouvements où ils peuvent être formés aux valeurs fondatrices de l'existence et au sens des responsabilités.

Ces groupes, ces mouvements, ces institutions éducatives, inspirés par la tradition chrétienne, ont formé des générations de militants et de responsables pour notre pays. Dans des formes renouvelées, ils continuent à éveiller la liberté chez des jeunes souvent tentés par le fatalisme. Ils ont aussi la mission de conduire jusqu'à la découverte et à l'accueil du don de Dieu en Jésus Christ. Cette expérience de la foi demeure profondément personnelle. Elle a pourtant des implications sociales puisque la vie chrétienne s'accomplit dans l'amour et le service des autres.

4. Démocratie et tradition chrétienne.

Notre société ne peut donc pas se résigner à l'amnésie par rapport à cette tradition chrétienne qui est constitutive de son histoire.

Si elle était durable, cette amnésie serait grave. D'abord dans le domaine de la culture. Comment faire parler Chartres, Vézelay ou Notre-Dame de Paris si l'on ignore tout de la Bible ? Nous nous réjouissons de tous les efforts qui sont faits pour entretenir et promouvoir le patrimoine littéraire, musical et architectural que des générations de chrétiens ont légué à notre pays, mais nous ne pouvons pas nous contenter de cette conservation passive. La contribution que nous pouvons apporter, comme catholiques, consiste à faire en sorte que cet héritage continue de vivre dans sa fonction originelle. Il y a là un vaste champ de coopération entre les divers responsables administratifs, universitaires, scolaires et religieux de notre pays. Nous souhaitons être reconnus comme des partenaires à part entière, non seulement au titre d'un passé prestigieux, mais aussi au titre de la créativité inspirée par la foi.

Plus largement encore, c'est la démocratie elle-même qui aurait à pâtir d'un refoulement durable de la foi chrétienne. Car la démocratie n'est pas une forme spontanée d'organisation des sociétés : elle est un acquis de la culture et de la volonté. Elle suppose des citoyens qui se sachent libres et se veulent effectivement respectueux les uns des autres. Elle suppose aussi un vouloir-vivre commun au sein d'une communauté politique dont les forces de cohésion implicite soient plus fortes que les conflits extériorisés. Elle n'est donc pas compatible avec une situation de complète ignorance entre des « tribus » religieuses repliées sur leur particularité.

En d'autres termes, la démocratie et la laïcité elle-même, pour demeurer vivantes, ont besoin d'un climat spirituel dont le christianisme est une composante essentielle, alors même qu'il ne prétend pas y détenir le monopole de la religion.

Par conséquent, ce contexte institutionnel relativement nouveau nous invite à proposer la foi en Jésus Christ non seulement comme un appel à la liberté des personnes, mais aussi comme une contribution réelle au vouloir-vivre de notre société. Car l'Évangile est un message de vérité et de liberté, non seulement pour ceux qui en font leur règle de vie, mais aussi, indirectement, pour la société où ils vivent.

PISTES DE TRAVAIL

Ce rapport sur « la proposition de la foi dans la société actuelle » se présente avant tout comme un acte de discernement. Non pas d'abord un examen de la situation, mais une manière de discerner, dans la foi, quels sont les appels qui nous sont adressés, dans les conditions relativement nouvelles faites aujourd'hui à la foi et à l'Église dans le domaine culturel et spirituel (chap. I), dans le domaine subjectif et moral (chap. II), dans le domaine institutionnel et politique (chap. III).

Les questions posées ont donc pour but de prolonger dans nos Églises locales cet acte de discernement. Elles visent à susciter un travail d'ensemble, en y associant les divers partenaires concernés par un tel travail.

CHAPITRE PREMIER
LES NOUVELLES MISES EN ŒUVRE DE LA FOI

Les prêtres et les laïcs engagés dans la proposition de la foi se laissent aujourd'hui assez facilement fasciner par le spectacle de ce qui semble décliner irrémédiablement. Comment surmonter cette fascination quelque peu décourageante ?

Le premier chapitre de ce rapport suggère une double démarche de discernement théologique : il s'agit d'évaluer les nouvelles conditions dans lesquelles s'effectue la proposition de la foi ; il s'agit aussi d'analyser les nouveaux « savoir-faire » qui, de façon désordonnée, sont en train de se constituer.

Après un temps d'échange sur la validité de cette démarche, que dès à présent de nombreux diocèses ont anticipée, les carrefours sont invités à répondre à quelques questions autour desquelles chacun a la liberté de communiquer son expérience, ses projets et ses préoccupations.

1. Comment se présentent dans votre diocèse le catéchuménat des adultes, la présence d'enfants non baptisés inscrits en catéchèse, les groupes de « recommençants » ?

Comment ces nouveaux venus interrogent-ils et renouvellent-ils la foi des « chrétiens par héritage » ?

Quelles leçons tirez-vous de leur présence en ce qui concerne les attentes de nos contemporains ; en ce qui concerne notre prédication : quels aspects du mystère chrétien sommes-nous invités à redécouvrir ou à mieux souligner ?

2. Quels sont les divers acteurs concernés par ce travail de discernement et de proposition de la foi ? Comment entreprendre avec eux un examen de leurs activités, en utilisant un cadre proche de celui qui est indiqué à la section « Pour un discernement spirituel » (p. 36) ?

L'objectif est ici de favoriser une démarche de vérification lucide de ce que la foi chrétienne, telle qu'elle est effectivement vécue, rend possible comme structuration de l'existence et comme prise en charge responsable d'un monde éclaté.

Après un temps d'échange sur la validité de la démarche, les carrefours sont invités à répondre à quelques questions qui doivent permettre de poursuivre et de mettre en œuvre le travail de discernement proposé.

1. Comment percevez-vous que la foi peut avoir un rôle structurant pour des adultes et pour des jeunes, en les aidant à se construire et à faire des choix sensés ?

Existe-t-il dans votre diocèse des lieux qui offrent des possibilités de ressourcement et de discernement pour des laïcs ?

Comment aidez-vous des prêtres à se former pour l'accompagnement personnel ?

2. Comment rendre possible un large débat d'opinion sur le problème aujourd'hui urgent de l'institution de repères éthiques dans un monde pluraliste ?

Si la vie à la suite du Christ est une façon de manifester le caractère singulier de toute vocation, comment pouvons-nous souligner cet aspect de personnalisation, qui est en consonance avec certaines aspirations de nos contemporains ?

3. Avec quel type d'acteurs peut-on approfondir cette réflexion ? Les éducateurs de la jeunesse dans des institutions ecclésiales explicitement vouées à la transmission de la foi ?

Mais que pouvons-nous envisager pour ceux qui œuvrent dans des institutions non ecclésiales, par exemple pour des intervenants chrétiens du monde de la psychologie ? Pour des enseignants et des personnes responsables dans le monde de l'éducation ?

CHAPITRE III. – UN NOUVEAU CONTEXTE INSTITUTIONNEL

L'objet de ce chapitre est d'évaluer la place du fait religieux et de l'éducation religieuse dans notre société, compte tenu de l'histoire de la « laïcité à la française » et du contexte européen actuel. Il s'agit de comprendre pourquoi la foi chrétienne est une part constitutive de notre identité nationale et comment elle est appelée aujourd'hui à s'exprimer.

Après un temps d'échange sur la validité de cette démarche, les carrefours sont invités à se poser des questions qui voudraient favoriser une réflexion d'ensemble non pas sur « l'utilité sociale » du christianisme et de l'Église, mais sur la place spécifique des croyants dans une société laïque et démocratique.

1. Comment se présentent les relations que vous pouvez avoir avec des responsables locaux, en divers domaines (politique, économique, social, culturel) ?

Qu'est-ce qui est attendu des chrétiens ? Quels sont les décalages que nous constatons entre ce qui est attendu et ce que nous sommes ou ce que nous voulons réaliser effectivement ?

Quels sont les interlocuteurs ou les instances avec lesquels nous sommes amenés à manifester notre spécificité et notre contribution spécifique au devenir de notre société ? En quels domaines s'établissent parfois des relations de partenariat ?

2. Comment nous est-il possible d'évaluer les acquis et même les bienfaits de la « laïcité à la française » ? Comment en évaluons-nous aussi les limites, notamment en ce qui concerne la reconnaissance du fait religieux chrétien dans l'éducation ?

De quels moyens ou de quels relais disposons-nous pour communiquer notre expérience et nos préoccupations à des responsables de la société civile ?

3. Avec quelles instances (sur le plan diocésain et sur le plan national) pensons-nous possible et utile de poursuivre ce travail de confrontation et de dialogue, dans le domaine éducatif, mais aussi dans celui de la culture, de l'aménagement du territoire ou des problèmes économiques et sociaux ?

Un appel

L'équipe de travail, auteur de ce rapport, sera heureuse de recevoir les remarques, les critiques, les suggestions des groupes qui auront utilisé ces réflexions.

Les envoyer avant la fin du mois de mai 1995 à l'adresse suivante :

Secrétariat de l'Épiscopat
Rapport « Proposition de la foi »
106, rue du Bac
75341 Paris Cedex 07.

Merci.

Table des matières

Chapitre II
Les nouvelles conditions subjectives de l'existence

Chapitre III
Un nouveau contexte institutionnel

DOCUMENTS DES ÉGLISES

LETTRES, ENCYCLIQUES ET EXHORTATIONS APOSTOLIQUES

JEAN-PAUL II, **Le Rédempteur de l'homme,** introduction de V. Cosmao.
JEAN-PAUL II, **Dieu riche en miséricorde,** introduction de B. Bro.
JEAN-PAUL II, **Le Travail humain,** introduction de M.-D. Chenu.
JEAN-PAUL II, **Les Tâches de la famille chrétienne,** introduction de F. Refoulé.
JEAN-PAUL II, **Le Sens chrétien de la souffrance humaine,** introduction de A.-M. Carré.
JEAN-PAUL II, **Aux religieux et aux religieuses,** introduction de J.-R. Bouchet.
JEAN-PAUL II, **La Réconciliation et la pénitence dans la mission de l'Église aujourd'hui,** introduction de S. Rougier.
JEAN-PAUL II, **L'Esprit Saint,** introduction d'Y. Congar.
JEAN-PAUL II, **La Mère du Rédempteur,** présentation par Y. Congar.
JEAN-PAUL II, **La Question sociale,** introduction de V. Cosmao.
JEAN-PAUL II, **La Dignité et la Vocation de la femme,** introduction de L. Bouyer.
JEAN-PAUL II, **Les Fidèles laïcs,** introduction d'Y. Congar.
JEAN-PAUL II, **Appelé à veiller, Saint Joseph,** introduction de Bernard Sesboüé, s.j.
JEAN-PAUL II, **Le Renouveau de la liturgie,** introduction de Ph. Béguerie.
JEAN-PAUL II, **Mission du Christ rédempteur,** introduction de Cl. Geffré.
JEAN-PAUL II, **Le Centenaire de *Rerum Novarum*,** introduction de Hugues Puel.
JEAN-PAUL II, **À tous les jeunes du monde,** introduction de Guy Gilbert.
JEAN-PAUL II, **La Splendeur de la Vérité,** introduction de X. Thévenot.
JEAN-PAUL II, **Lettre aux familles,** introduction par Georges Hourdin.
JEAN-PAUL II, **Le Jubilé de l'an 2000,** présentation par le Cardinal Jean-Marie Lustiger.
JEAN-PAUL II, **L'Évangile de la vie,** présentation par Xavier Lacroix.
JEAN-PAUL II, **La Lumière de l'Orient,** présentation par Mgr Bernard Dupire.

DÉCLARATIONS ET ENTRETIENS DU MERCREDI

JEAN-PAUL II, **À l'image de Dieu, homme et femme : une lecture de Genèse 1-3,** 1980.

JEAN-PAUL II, **L'amour humain dans le plan divin : de la Bible à *Humanae Vitae*,** 1985.

JEAN-PAUL II, **Résurrection, mariage et célibat : l'Évangile de la rédemption,** 1985.

JEAN-PAUL II, **Catéchèse sur le Credo**

1. **Je crois en Dieu,** 1987.
2. **Le Créateur du ciel et de la terre,** 1988.
3. **Je crois en Jésus-Christ, le fils unique de Dieu,** 1989.
4. **Jésus-Christ, vrai Dieu et vrai homme,** 1990.
5. **Je crois en Jésus-Christ le Sauveur,** 1992.
6. **La Pentecôte,** 1992.

JEAN-PAUL II, **Avec vous je suis prêtre,** textes présentés par Pierre Raffin, 1986.

Juifs et Chrétiens « Pour une entente nouvelle », visite de Jean-Paul II à la synagogue de Rome (13 avril 1986/4 nisan 5746), 1986.

SYNODES DES ÉVÊQUES

Synode extraordinaire (Rome, 1985). **Célébration de Vatican II.**

Synode des Évêques (Rome, 1987), **Les Laïcs dans l'Église et dans le monde,** préface du Cardinal Decourtray.

Synode des Évêques, **La Formation des prêtres** (instruments de travail), Cerf-Centurion, 1990.

Synode des Évêques, **La Formation des prêtres** (Cerf-Centurion, 1990).

CONGRÉGATIONS ET COMMISSIONS PONTIFICALES

Commission biblique pontificale

Bible et christologie, 1984.

L'interprétation de la Bible dans l'Église, Allocution de Jean-Paul II, Préface de J. Ratzinger, Introduction de Jean-Luc Vesco, o.p., 1994.

Commission pontificale Justice et Paix

Au service de la Communauté humaine : une approche éthique de l'endettement international, présenté par Philippe Laurent, 1987.

L'Église face au racisme, introduction de Xavier Thévenot, 1989.

Solidarité et développement, textes présentés et introduits par Antoine Sondac, 1992.

Commission théologique internationale

Textes et documents, 1969, 1985, 1988.

Congrégation pour la doctrine de la foi

Liberté chrétienne et libération, introduction de Marie-Dominique Chenu.

Le Don de la vie. Instruction sur le respect de la vie humaine naissante et la dignité de la procréation. Réponses à quelques questions d'actualité. Congrégation pour la Doctrine de la Foi.

La Vocation ecclésiale du théologien, Congrégation pour la Doctrine de la Foi.

Communication sociale et promotion de la foi : introduction sur certains aspects de l'utilisation des instruments de communication sociale dans la promotion de la doctrine de la foi, liminaire de Pascal Moity, 1992.

L'Église comprise comme communion. Lettre de la Congrégation pour la Doctrine de la foi. Présentation de la Commission épiscopale par Mgr Jean Vilnet, commentaire par P. Damien Sicard.

Congrégation pour le culte divin

Directoire pour les assemblées dominicales en l'absence de prêtre.

Charte des droits de la famille. Présentée par le Saint-Siège.

Les Sectes et l'Église catholique : le document romain, présentation de 150 groupes religieux, introduction de J. Vernette.

Congrégation pour les instituts de vie consacrée

La Formation dans les instituts religieux. Directives de la Congrégation pour les instituts de vie consacrée et les sociétés de vie apostolique.

Conseils Pontificaux

Les réfugiés : un défi à la solidarité, introduction par Catherine Wihtol De Wenden, 1992.

Conseil pontifical pour la promotion de l'unité des chrétiens, Directoire pour l'application des principes et des normes sur l'œcuménisme. Introduction et applications à la situation française par la Commission épiscopale pour l'unité des chrétiens.

Évolutions démographiques. Dimensions éthiques et pastorales. Présentation par le père Ph. Laurent.

CONFÉRENCES ÉPISCOPALES

Les Églises contre la bombe ? Les Églises chrétiennes et les armements nucléaires, documents présentés par B. Quelquejeu et F. Vaillant.

L'Église dans la transformation actuelle de l'Amérique latine à la lumière du concile Vatican II. Conclusions de Medellin 1968. Préface par Mgr Le Bourgeois, introduction et traduction par Charles Antoine.

Nouvelle évangélisation, promotion humaine, culture chrétienne.

Conclusions de Saint-Domingue, IVe Conférence générale de l'épiscopat latino-américain. Préface par J.-Y. Calvez, traduction par Maine et Michèle Jarton.

Conférences des Évêques de France, les Ministres ordonnés dans une Église-communion.

Les Évêques d'Europe et la nouvelle évangélisation. Conseil des conférences épiscopales d'Europe. Documents rassemblés et présentés par Hervé Legrand. Préface du cardinal Carlo Maria Martini.

ŒCUMÉNISME

Les Anathèmes du XVIe siècle sont-ils encore actuels ? Propositions soumises aux Églises, sous la direction de Karl Lehmann et Wolfhart Pannenberg ; présenté par Joseph Hoffmann et Harding Meyer, 1989.

Comité mixte catholique-orthodoxe en France
La Primauté romaine dans la Communion des Églises, présenté par le métropolite Jérémie et Mgr André Quelen, 1991.

Comité mixte catholique-protestant en France
Choix éthiques et communion ecclésiale, préface par le pasteur Michel Leplay et Mgr Jean Vilnet, 1992.

Commission anglico-catholique romaine
Jalons pour l'unité : rapport final, Windsor, sept. 1981, 1982.

Commission mixte catholique romaine-évangélique luthérienne
Face à l'unité : l'ensemble des textes adoptés, édité par Hervé Legrand et Harding Meyer, 1986.

Comité mixte baptiste-catholique en France
Rendre témoignage au Christ, présenté par le pasteur Robert Somerville et Mgr Georges Soubrier, 1992.

Conférence des églises européennes
Conseil des conférences épiscopales européennes
Les Évêques d'Europe et la Nouvelle Évangélisation, introd. par Hervé Legrand, préface du cardinal Martini, 1991.

Les Églises d'Europe. L'engagement œcuménique. Conseil des Conférences épiscopales d'Europe et Conférence des Églises européennes. Document des rencontres œcuméniques européennes (1978-1991) rassemblés et présentés par Helmut Steindl. Préface par le cardinal Carlo Maria Martini.

Justice et paix pour la création entière : document final du rassemblement œcuménique européen « Paix et justice », 1989.

Rassemblement œcuménique européen de Bâle : justice et paix pour la création entière : intégralité des textes, 1989.

Les Églises devant le judaïsme, textes rassemblés et traduits par Marie-Thérèse Hoch et Bernard Dupuy, 1980.

Conseil œcuménique des Églises

Confesser la foi commune, Explication œcuménique de la foi apostolique telle qu'elle est professée dans le symbole de Nicée-Constantinople (381), 1993.

Baptême, eucharistie, ministère (1982-1990). Rapport sur le processus « BEM » et les réactions des Églises, 1993.

Église et monde. L'unité de l'Église et le renouveau de la communauté humaine, 1993.

DIVERS

Nouveaux jalons pour l'Unité, J. Desseaux.

Orientations pour un dialogue entre chrétiens et musulmans, M. Borrmans.

Les Églises devant le judaïsme, B. Dupuy, M.-T. Hoch.

Petite introduction en « catéchisme de l'Église catholique » cardinal Joseph Ratzinger, Mgr Christoph Schönborn.

HORS COLLECTION

Manifeste pour une éthique planétaire. La déclaration du Parlement des religions du monde. Éditée et commentée par H. Küng et K.-J. Kuschel, traduction de l'allemand par E. Boné.

Achevé d'imprimer le 7 février 1996
dans les ateliers de Normandie Roto Impression s.a.
61250 Lonrai

N° d'impression : 960209
N° d'édition : 10002
Dépôt légal : décembre 1994

[illegible] p42.
[illegible] p48 —